La PNL

Guide pratique de la programmation neuro linguistique pour réussir sa vie professionnelle et personnelle

W0325517

David PELAS

ISBN : 9798622393297

Table des matières

Introduction

Faisons court et faisons simple si vous le voulez bien. Voulez-vous être maître de vos comportements ? Voulez-vous vous comprendre ? Voulez-vous vous familiariser avec une méthode originale, sophistiquée, aux avantages quasi illimités pour votre quotidien ? La PNL, ou Programmation Neuro Linguistique. Nom barbare ? Effrayant ? Cela l'était pour moi au début. Ne vous fiez pas à son nom, c'est un bijou de haute technologie !

Laissons aux professionnels les subtilités de cette méthode pour en avoir ici une approche globale, simplifiée et des exemples précis applicables facilement. Ce livre ne se prétend pas en faire le tour complet, c'est tellement complexe... mais il tente de vous donner un aperçu global et une utilisation simple de quelques outils.

Brisons la glace avec la PNL. Elle vous le rendra bien.

Nous passerons en revue les trois axes possibles, des champs d'application, avantages, inconvénients, notre système de croyances ou notre GPS et verrons quelques exemples d'outils pratiques permettant des miracles.

C'est parti…

I - La PNL c'est quoi ?

La PNL, qu'est-ce que c'est ? PNL ou Programmation Neuro Linguistique. Ça fait peur ? Le nom peut sembler barbare et inaccessible, pourtant, c'est une méthode sophistiquée, dans les finesses du cerveau. Un outil que peu de gens connaissent, finalement.

Penser connaître son cerveau et l'utiliser à bon escient sans entraînement, c'est comme voir un arbre et penser connaître la forêt. Ou bien c'est comme pratiquer la marche le dimanche et imaginer pouvoir faire un marathon de 40 kilomètres. J'exagère un peu mais votre cerveau peut être votre sauveur tout comme votre saboteur.

En PNL, on utilise la magie du cerveau en utilisant ses processus. On utilise la mécanique pourrait-on dire. Parce qu'un être humain lambda utilise en moyenne 5% de son cerveau… Ouille... On parle souvent de pensée positive en développement personnel. Mais que fait-on des 95% inutilisés ? On pense positif avec 5% et on subit l'influence des 95% restants. La PNL permet d'optimiser…

Cette méthode a été inventée aux États-Unis dans les années 70 par Richard Bandler (informaticien et psychologue) et John Grinder (linguiste et psychologue). En échangeant sur leurs domaines d'expertise respectifs, ils ont eu l'idée de collaborer pour inventer cette méthode…

Ils sont partis de l'idée que l'on peut maîtriser son cerveau et s'en servir correctement pour obtenir les comportements que l'on veut. Cela a-t-il du sens pour vous ? Pensez-vous qu'il soit important d'être maître de ses propres comportements ?

À l'ère où les rythmes de vie sont de plus en plus rapides, de plus en plus stressants et dans des cadres légaux qui deviennent de plus en plus stricts, il me semble que cela est plus que nécessaire, c'est vital.

Pouvez-vous assurer que vous êtes toujours maîtres de vous-mêmes ? Que vous ne dérapez jamais quand vos émotions vous emportent ? Si c'est le cas, vous êtes déjà un compétent inconscient de vos comportements. Je m'explique. En PNL on estime que quand on ne sait pas qu'on ne sait pas quelque chose, on est inconsciemment incompétent. Quand on sait qu'on ne sait pas, on est consciemment incompétent.

Quand on apprend quelque chose, on devient consciemment incompétent, on sait qu'on apprend et qu'on doit progresser. Quand on apprend quelque chose, on passe par une étape de consciemment compétent. On sait qu'on progresse et qu'on intègre. Et quand on a appris quelque chose, que c'est intégré, on devient inconsciemment compétent, on fait les choses de manière automatique, on n'a plus besoin de réfléchir à comment les faire.

Tous nos apprentissages passent par ces stades.

Primo, quand on ne sait pas faire du vélo et même

qu'on ne sait pas qu'il est possible de faire du vélo, on est inconsciemment incompétent. On n'a même pas conscience qu'on est incompétent dans ce domaine.

Phase deux, quand on ne sait pas faire du vélo ET qu'on sait qu'on ne sait pas faire, on est consciemment incompétent.

Phase trois, quand apprend à faire du vélo, quand on maîtrise en devant se concentrer... Tada... on devient consciemment compétent... On doit garder la conscience sur le vélo pour y arriver.

Et quand enfin on fait du vélo sans devoir penser à pédaler et à comment rester en équilibre... Tada... Phase quatre. On est devenu inconsciemment compétent. Plus besoin d'y réfléchir !

Réfléchissez un instant à ce principe et voyez comment cela est identique pour tout apprentissage.

Faire du vélo est un résultat lié à des comportements permettant de le réaliser. Rester maître de soi au volant dans les bouchons est un résultat lié à ses comportements. Gérer ses objectifs personnels ou bien professionnels est un résultat lié à ses comportements. Ne plus devoir réfléchir à comment le faire - quoi que l'on fasse - et le faire bien sans devoir y réfléchir est... un cadeau...

La PNL permet d'optimiser... Et là où c'est magique c'est que l'on peut décoder quelque chose que l'on fait bien et répliquer la méthode pour quelque chose que l'on souhaite faire correctement.

Là encore je m'explique avec un exemple extrême.

Si vous êtes un fumeur et que vous ne pouvez pas résister quand on vous propose une cigarette, le résultat n'est pas top je vous l'accorde, mais cela signifie que votre processus interne qui vous mène à fumer inexorablement la moindre cigarette que l'on vous propose est efficace à 100 %. Pour simplifier, même si fumer est mauvais pour la santé, on peut exploiter votre processus interne, celui qui vous amène à accepter chaque cigarette, processus efficace à 100 %, le décoder et le transposer pour l'apprentissage d'un comportement que vous souhaitez mettre en place…

Je sais, c'est exagéré comme exemple, mais c'est pour illustrer l'incroyable méthode qu'est la PNL. Car cette méthode ne juge pas, elle n'est pas dans le « c'est bien » ou « c'est pas bien ». Elle se sert de ce qui est, de ce que vous savez faire pour l'optimiser à faire autre chose...

La PNL est utilisée sur trois axes : thérapie (thérapeutes ou auto-thérapie), communication et progression. Je me réjouis de développer ces trois axes dans les chapitres suivants.

La PNL part du principe que notre cerveau code toutes nos expériences, notre vécu au travers de divers filtres. Nos cinq sens font partie de ces filtres. Tout comme nos conditionnements familiaux, culturels, et nos expériences quotidiennes qui nous formatent d'une manière bien particulière à chacun.

Chaque personne a ce que l'on appelle dans le monde PNListe une carte du monde personnelle. Le génie de cette méthode est qu'elle ne se sert pas du vécu d'une personne mais des processus qui fonctionnent automatiquement en arrière-plan. Nous reviendrons plus précisément sur ces trois axes dans les chapitres suivants.

Ça a l'air tout rose et facile tout ça. Non ? Et bien ça ne l'est pas tout à fait. J'aimerais vous donner mon avis sur les avantages et les inconvénients.

Avantages et inconvénients

Vu que j'aime particulièrement cette méthode et que je préfère aborder d'abord ce qui fâche, je commencerai par les quelques inconvénients que j'ai pu constater. Les croyances populaires associent souvent à tort la PNL à la manipulation. Expliquons. La PNL est souvent utilisée par les hommes politiques pour leurs discours.

Ah oui, je confirme, manier l'art de la communication peut en effet amener à manier l'art de la manipulation. Toutefois, les confondre est un mauvais raccourci de suppositions ! Je prendrai l'exemple d'un marteau. Il est conçu pour construire et pourtant des gens s'en servent pour casser. Je crois que comme toute invention, des êtres humains ont toujours la curiosité malsaine de trouver des applications négatives.

Et plus un outil est puissant pour construire, plus il peut être dévastateur pour détruire. Je contournerai cet argument en disant qu'avec la compréhension et la maîtrise des principes et outils de la PNL, je suis moins sujet à la manipulation. Je me laisse moins facilement berner. Bon, mon côté un peu naïf voulant croire à la bonté en chaque personne, me joue quelquefois des tours.

Mais le fait est que dans l'ensemble, on repère plus vite les tentatives de manipulation. Parfois on préférerait peut-être ne pas savoir tellement ça peut faire mal, mais de mon point de vue, un Homme averti en vaut deux. Ensuite, libre à chaque praticien de PNL de l'utiliser avec sagesse et en gardant des valeurs humaines.

Avantages ?

Plusieurs, que je pense vous aurez déjà perçus entre les lignes précédentes et que vous percevrez au cours de la lecture des chapitres suivants. Mais je citerai l'avantage principal qu'aucune autre méthode puissante de soin et de progression n'offre, dans une mesure aussi large. On n'entre jamais dans le contenu, parce qu'une personne ne peut jamais être connue d'un thérapeute à 100% expliquant les comportements.

On ne peut donc en toute logique jamais analyser une personne à 100% et la comprendre à 100%. De ce constat naissent les difficultés à faire changer les comportements destructeurs ou nocifs dans ces conditions. Connaissez-vous des gens qui vont voir un thérapeute pendant des années pour la même chose et ne s'en sortent apparemment jamais ?

La PNL échappe à cet inconvénient car elle utilise les processus et non le contenu. Nous faisons, avec la PNL, confiance à notre incroyable machinerie interne, à son intelligence naturelle, à sa perfection. Il faut juste calibrer correctement ou corriger. Et j'avoue que même si les informations disponibles sur le net ne parlent pas de cet avantage de manière claire, je le trouve absolument incroyable. Et vous ?

Mais ceci n'est que mon avis personnel !

Revenons s'il vous plaît aux bases de la PNL, le socle. Toute méthode ou formule a besoin d'un socle, d'une base de travail.

En observant un panel de personnes aux capacités différentes, les inventeurs ont défini des présupposés universels, c'est-à-dire des affirmations valables pour tout individu. Des constantes pour tout individu. Que sont-ils et quels sont-ils ? Héhé, on entre dans le vif du sujet...

Les présupposés en PNL

Les présupposés définis sont des « vérités définies », des constantes notées par Richard Bandler et John Grinder. Ils ont observé des génies dans plusieurs domaines et ont analysé leurs comportements, leurs méthodes d'apprentissage, leurs motivations intrinsèques. Décortiqués, passés sous la loupe, pour des points communs : les présupposés.

Pourquoi est-ce intéressant de connaître ces constantes ? Parce que cela permet de soigner, de progresser ! Comme dans une formule scientifique, il y toujours des constantes. Toute formule repose sur des constantes et les formules permettent de comprendre les choses, de les rendre accessibles. Ces présupposés sont tous traités au sein de la PNL par plusieurs méthodes et outils. Nous verrons quelques exemples dans un chapitre suivant mais d'abord passons en revue les présupposés et tentons de les comprendre.

1. La carte n'est pas le territoire

Cela signifie que nous percevons le monde (le territoire) à travers nos 5 sens.

Nous l'interprétons de manière propre à chacun par ce que je nommerai des filtres, nos filtres personnels, qui sont le résultat de notre personne entière, et nous en faisons une représentation interne (la carte) qui ne correspond pas forcément à la réalité.

Chacun d'entre nous possède donc sa propre « carte du monde » et il n'y a pas une carte meilleure qu'une autre. Vous est-il déjà arrivé de parler d'un sujet avec quelqu'un et de ne pas être d'accord ?? Héhé… J'aurais du mal à croire que cela ne vous soit jamais arrivé… Cela vient du fait que votre carte du monde concernant ce sujet et celle de votre interlocuteur sont différentes…

2. Tout comportement est généré par une intention positive

Tout comportement est guidé par une intention positive. Votre chef a pour rôle de diriger et de faire au mieux pour atteindre des résultats. Il donnera donc les ordres en fonction de ce qu'il pense être le mieux, en prenant la situation globale en considération.

Si c'est un bon chef, il prendra en compte l'aspect humain. Vous y verrez donc une intention positive.

Si par contre, la mesure vous paraît dure, vous n'y verrez peut-être pas l'intention positive mais le chef lui, la verra et ses chefs la verront peut-être aussi...

Les chefs les pires dirigent uniquement pour leur propre intérêt. Il y a peu d'intention positive pour les autres mais il y en a une pour lui. Même si ce dernier cas de figure n'est pas top, il y a tout de même une intention positive, même si ce n'est que pour le chef lui-même.

Il y a donc, derrière tout comportement, une intention positive. C'est une question de point de vue. Le tout est de trouver l'intention positive. En cherchant l'intention, on peut transmuter. Une situation de conflit se résout rarement par des reproches mutuels concernant les comportements. Ils sont hors d'atteinte pour l'autre.

C'est comme uriner dans un violon, pour rendre l'expression plus douce... Cela n'amène à aucune résolution. En revanche, une situation de conflit peut souvent se comprendre et se résoudre en cherchant les intentions positives et en les accordant.

3. Il est impossible de ne pas communiquer

Quoi que l'on dise, on communique, quoi que l'on fasse, on communique quelque chose. Si l'on ne fait rien alors que l'on attend de nous une action, on émet tout de même quelque chose. La communication ne se fait pas que par les mots. Elle se fait aussi par les gestes, les comportements. Vous souriez à quelqu'un ? Vous lui envoyez de la sympathie. Vous le regardez sans lui sourire ?

Vous allez peut-être lui inspirer de l'antipathie ou de la mauvaise humeur, même si de votre côté vous étiez juste absorbé dans vos pensées... C'est complexe non ? Les mots (le verbal) ne représentent que 7% du message. Les 92% restants sont constitués de la manière de le dire, le para verbal, et du non verbal.

Et à partir du moment où nous sommes en présence d'une autre personne, ou bien plus d'une, nous... communiquons quelque chose.

La PNL est un outil d'optimisation de la communication. Que cela passe par des mots, des attitudes, des comportements. Parce que, sauf si vous vivez isolés sur une montagne -ce qui ne vous permettrait probablement pas de lire ce livre- vous êtes en régulière interaction avec les autres : inconnus dans la rue, collègues de boulot, clients, famille…

Vous est-il déjà arrivé de rentrer du boulot exténué et énervé et de rendre l'ambiance de la maison lourde ? Rien que pour ça, il est donc plutôt utile de savoir bien communiquer. Non ?

4. Corps et esprit agissent l'un sur l'autre

L'esprit a des répercussions dans le corps, et le corps sur l'esprit. Si une personne change son comportement il est probable que cela ait travaillé dans son esprit et cela se voit sur le corps, comportements différents et communication différente. En PNL on travaille en profondeur pour des résultats solides et stables avec l'extérieur.

5. S'il est possible pour une personne d'apprendre ou d'acquérir une ressource (une compétence), il est possible pour tout le monde d'apprendre ou acquérir cette ressource

Celle-là je l'adore… Les fondateurs de la PNL ont étudié des comportements d'excellence et en ont sorti des techniques pour reproduire leurs performances et les rendre accessibles. En PNL, on sait pour l'avoir vérifié qu'il est possible de reproduire, de modéliser les comportements efficaces de certains et de les faire appliquer par d'autres... Sympa ou bien sympa ?

6. Le sens de ce que nous communiquons est dans la réponse que nous obtenons

En lien direct avec le point 3. Si on sourit et qu'on nous renvoie le sourire, on sait ce que l'on a communiqué. Si on nous fusille du regard sans raison précise, on peut donc se demander si on a fait quelque chose de manière inconsciente pour déclencher une déferlante de regard noir.

Il se peut que la personne en face soit juste de très mauvaise humeur, et qu'elle se défoule sur vous, mais il se peut aussi que sans s'en rendre compte, on lui ait jeté un regard digne de notre plus belle mauvaise humeur. Et donc, pas étonnant d'avoir ça en retour. En retour...

Là est bien la thématique de ce petit sept... Peut-être a-t-on « juste » gratifié la personne en face d'indifférence et en retour elle nous punit, mais dans tous les cas, si cela est important pour nous-même dans un contexte précis, savoir que ce que nous recevons est en lien avec ce que nous envoyons est bien utile. C'est un excellent moyen d'être acteur de ce qui se passe autour de nous...A un degré plus élevé en termes de thérapie ou de praticien PNL, quand on dit quelque chose et qui n'est pas compris, on ne se dit pas « mais t'as rien compris !! », on se demande « qu'est-ce que je dois changer pour être compris ? ».

Je peux vous assurer pour l'avoir déjà testé que cela change la couleur de la conversation. Dans le premier cas, elle s'arrête souvent brutalement ! Dans le second, on progresse et c'est très plaisant au final. Nous verrons dans un chapitre suivant comment jongler avec ces joujoux en communication !

7. Plus on a de choix, mieux c'est car à chaque moment une personne fait le meilleur choix qu'elle peut

J'ai une métaphore à vous proposer. Si vous mettez un être humain dans une cage sans porte ni issue, il y a de grandes chances qu'il panique. Quoi, l'image est choquante ? On met bien des animaux en cage. Mais comme la PNL s'applique à l'être humain, alors l'image se doit de concerner l'être humain. Non ?

En alternative, mettez une porte à la cage, même fermée, il y a de grandes chances pour que la personne entrevoie la possibilité de sortir de la cage. Mettez une troisième option avec plusieurs portes. A votre avis ? Aha… L'optimisme augmente. Et alors si vous laissez les portes ouvertes, là c'est bingo.

Quel rapport me direz-vous ? La PNL part de ce présupposé et propose des outils pour donner des options aux gens. Parce que les options permettent de faire descendre la peur et de donner de l'espoir. Ensuite, action. Pas toujours, mais le fait d'avoir des options est souvent salvateur. Avoir plusieurs options réduit la pression. En choisir une est encore mieux.

A un moment donné, chaque personne adopte ce

qui lui apparait comme le meilleur choix possible, en fonction de ses possibilités et capacités, et en fonction de ce qui pour elle est valable, dans son modèle du monde. Leur proposer des options est une clé importante. Et cela est identique pour vous-même. Je dirais qu'il ne faut tout de même pas offrir trop d'options, parce que trop de choix peut tuer le choix, mais sur le principe, c'est une clé de libération universelle qui rend au passage les gens plus flexibles.

Affronter la complexité d'une situation est possible grâce à une grande variété de choix. Si l'un des choix ne marche pas, il est possible d'essayer autre chose.

8. Toutes les ressources sont dans la personne

Celle-là aussi je l'adore ! Chaque individu possède en lui les ressources pour obtenir ce qu'il désire. Il faut simplement lui apprendre à les utiliser ou à les découvrir. Je mettrais juste un léger bémol à ceci, étant donné que l'environnement et le temps disponibles ont une influence, mais quelle porte ouverte à toutes les fenêtres ! Je plaisante ! C'est une porte, une option d'espoir, il faudra juste veiller à concilier les désirs avec le réalisme et le bon rythme afin de ne pas se perdre en route, épuisé et psychologiquement vaincu...

Atteindre des choses que les autres ont atteintes, savoir que c'est possible est un bon moteur, comme la carotte devant l'âne. Cette dernière image est déplacée ? Veuillez m'en excuser si c'est le cas !

Mais la carotte peut être une fantastique clé de réalisation personnelle et de pouvoir sur sa propre vie. Les limites sont là où on les fixe et où l'on pense qu'elles sont. Ensuite il faut adapter la stratégie…

Nous avons tous le même potentiel de base, ce n'est qu'une question de temps pour apprendre… Plein d'espoir... Vous ne trouvez pas ? Cela semble utopiste mais j'ai appris en optimisant mes processus avec la PNL et ça marche. Tout est ensuite une question d'échelle et d'endurance…

9. Il n'y a pas d'échec, il n'y a que du feedback

L'échec, quelle connotation lourde et bloquante ! Si vous avez l'intelligence de savoir que chaque « échec » ou action manquée peut vous donner une leçon de ce qu'il ne faut pas faire au prochain essai, et bien vous augmentez vos chances d'y arriver. Savez-vous combien de fois Edison a tenté l'ampoule électrique avant de réussir ?

Si vous saviez, cela éclairerait votre représentation de l'échec. En intégrant cette notion, on se redonne une chance d'y arriver. L'échec n'est pas un échec mais un feedback de votre environnement, un retour. Quel est-il ? Que m'apprend-il ? Très utile de se poser ces questions et d'adapter.

10. Si vous n'atteignez pas votre objectif avec un comportement, changez ce comportement.

Si ça ne marche pas, essayez autre chose. Une des bases de la PNL est la flexibilité. Un scientifique célèbre et d'une intelligence extrême aurait dit que l'être humain est le seul être doté d'intelligence qui espère un résultat différent en agissant toujours de la même manière. Je ne citerai pas son nom puisque je ne suis pas en mesure de vérifier s'il l'a vraiment dit. Toutefois, c'est extrêmement sensé. Non ??

Certains parlent des 10 présupposés, d'autres en citent un 11ème.

11. Nous ne sommes pas nos comportements

Il est utile de distinguer l'identité d'une personne de ses comportements car on ne peut pas changer la nature d'une personne. On peut apprendre à différencier la personnalité des comportements. Si une personne veut modifier quelque chose dans sa vie, il est utile de savoir si c'est de l'ordre du comportement ou bien si cela fait partie de sa personnalité.

Si ce que l'on souhaite changer est du domaine du comportemental, c'est faisable. On peut tout de suite "lâcher l'affaire" s'il s'agit de la personnalité, oserais-je dire. En effet, s'il est relativement facile d'aider une personne à changer son comportement (ou de changer son propre comportement), il impossible de changer sa nature.

Alors faire la différence c'est utile ou bien utile ?

On m'a dernièrement posé une question très intéressante à propos de ce dernier point. Les comportements ne sont-ils pas l'expression de la personnalité, et donc indissociables de celle-ci ?

C'est une interrogation qui fait écho à énormément de questionnements d'ordre scientifique, psychologique, théologique, même spirituel.

Et sûrement d'autres encore ! Il me semble devoir préciser que nous énumérons ici les présupposés de la PNL, des constantes qui ont été observées chez toutes les personnes passées à la loupe. Il n'est ici pas question d'entrer dans un éternel débat menant facilement à des avis différents et des griefs.

Chacun peut avoir son avis, le but ici n'est pas de dicter une vérité mais d'expliquer les constantes observées, qui servent de socle à la PNL. On trouvera toujours de quoi redire à toute théorie, ainsi va le monde. Toutefois il me semble que la PNL considère des couches très fines de la personne, comme un oignon dont on observe plus finement les couches. Pardonnez la métaphore peu romantique, mais c'est parlant.

Les comportements sont UNE expression d'une part de la personnalité. Selon les blessures, ils sont différents. La personnalité est un tout, un comportement est l'extériorisation d'une part de celle-ci ou bien de l'interaction de plusieurs. Les comportements sont l'expression de la personnalité influencée par une émotion.

Des comportements manipulateurs sont le résultat de la personnalité et des émotions de peur ou colère par exemple. On peut travailler sur cette couche de l'oignon. Attention, cette explication ne se prétend pas complète ! Et en aucun cas on ne prétend donner des réponses à des questions sans réponses unanimes depuis des siècles !

Toutefois nous avons des outils qui travaillent sur les couches de l'oignon, ce que l'on appelle les niveaux logiques (par exemple éliminer les confusions entre les niveaux logiques, les aligner). Ces couches influençant la personne sont définies comme suit : environnement, comportement, capacité, croyances et critères, identité et tout en haut le transpersonnel.

Ce qui me semble largement acceptable est que, quelle que soit l'opinion concernant les nuances entre comportement et personnalité, si l'on avait la réponse magique à tout, il n'y aurait plus aucune pathologie psychologique. Ce qui n'est pas le cas. C'est bien un des enjeux de notre ère. Même si quelque chose n'est pas considéré comme une vérité absolue par les professionnels de tous les domaines, cela vaut le coup de garder l'esprit ouvert.

Oui, les comportements sont bien indissociables de l'expression de la personnalité, donc de la personnalité elle-même. La nuance serait : indissociables oui, mais pas inchangeables.

Ok, tous ces présupposés, ce sont des constantes à connaître, mais nous ne sommes pas encore dans les méthodes… La partie qui précède est un peu détaillée mais des bases précises sont nécessaires pour une compréhension plus rapide par la suite : poser un cadre détaillé pour une meilleure compréhension et une pratique facilitée.

Pour pouvoir aller un peu plus en profondeur, commençons par nous attaquer à un gros morceau. Comment est forgée notre perception du monde, ce que nous appelons «la carte » ... Et là, à votre grande surprise peut-être, cela vous semblera bien plus complexe qu'il n'y paraît de prime abord. De plus, la carte n'est pas le territoire...

II - La perception du monde

Nous avons vu précédemment dans les présupposés ce que signifie « la carte n'est pas le territoire ». Rappelons simplement que « la carte » est la vision du monde propre à chacun. « Le territoire », ou le terrain, signifie « la réalité ».

Sans entrer dans la moindre tentative d'explication de ce qu'est la réalité, admettons simplement qu'il existe une réalité, que nous sommes dans un monde, dans un décor à l'extérieur de nous-même. Et qu'il y a la représentation que nous nous faisons de ce monde, de notre environnement, notre représentation interne de la réalité extérieure, ou encore « la carte ».

Notre environnement est toujours là, autour de nous. Si vous n'y prêtez pas attention, c'est comme s'il n'existait pas. Mais il est bien là. Toutefois, le fait de le voir, d'en voir une partie, lui donne un sens. Sans un observateur, le monde n'a finalement pas de sens.

Ouille, oui je sais… Ce sont à nouveau des concepts plutôt délicats, sensibles, aux avis différents… Encore une fois, sans prétendre avoir LA vérité, même si ce n'est pas prouvable par A+B, on peut juste se fier aux résultats probants pour finalement se dire qu'il y a peut-être du vrai dans ces concepts qui paraissent farfelus à certains.

En gros, encore une fois, même si l'on ne sait pas comment est fabriqué un vélo, on peut très bien en faire !! Idem ici. Nous ne pouvons pas prouver par démonstration théorique que les fondements et outils sont justes. Je dirais que les résultats pratiques en sont tout de même une jolie démonstration.

Revenons donc aux concepts de carte et territoire. Certains disent que tout ce qui est à l'extérieur de nous n'existe pas. Je mettrai un léger bémol. Tout ce qui est en dehors de nous existe mais ne prend vie, sens, que lorsque nous le regardons. Les principes de physiques quantiques de l'observateur. Toutefois l'environnement n'a pas besoin d'être observé. Il est... Et nous sommes dedans avec notre propre perception du monde.

Toutes nos expériences sont codées dans notre mémoire cellulaire en conséquence de nos filtres. Ce qui en fait une compréhension bien personnelle à chacun. Notre perception de notre environnement est en premier lieu une question de degré d'attention. La qualité de nos souvenirs concernant une expérience dépendra de notre degré d'attention en premier lieu. Ensuite, ce que nous observons, nous allons vouloir automatiquement le garder en mémoire, le sauvegarder. Et les informations, comment les traite-t-on ? Par des filtres... Passons en revue les filtres...

Premier filtre, le VAKOG

Les lettres VAKOG représentent nos cinq sens, voyez la première lettre de chaque ligne.

Visuel

Auditif

Kinesthésique

Olfactif

Gustatif

Je vais tenter de faire simple et concis pour l'explication d'un concept complexe et demandant des centaines d'heures de pratique...

Reprenons l'image d'un ordinateur. On considère en PNL que toutes nos expériences sont des signaux qui sont reçus par nos sens, envoyés vers notre cerveau qui les code sur notre disque dur central. Le tout est passé par nos filtres. Parmi les cinq sens, chaque personne a un canal d'entrée principal et utilise en général un deuxième canal, un canal d'entrée secondaire.

Tout s'imprime dans notre mémoire cellulaire à travers ce processus.

En toute circonstance, vous allez envoyer à votre cerveau une description de l'expérience, un codage des informations, qui est réceptionné en premier lieu par les sens.

Nos sens sont les points d'entrée. La majorité des gens sont dits visuels.

C'est à dire que leur canal principal, le canal d'entrée est le visuel. Ils retiendront ce qu'ils reçoivent par les images. Puis vient l'auditif. En gros les yeux et les oreilles sont ce qui est le plus utilisé chez la plupart des gens.

En PNL, comme cité précédemment, on joue avec les espaces-temps comme facilitateurs. Pour changer des comportements, on va par exemple aller chercher des expériences passées de ces comportements à changer. On cherchera ces exemples par la mémoire. Et pour mieux retrouver la mémoire des souvenirs, pour se replonger dans une situation, on va se servir du langage verbal et non verbal pour entrer en connexion avec les émotions de la situation, en utilisant les canaux favoris des personnes.

Imagé, cela pourrait représenter de vouloir trouver une boîte (case de stockage du souvenir) dans un garage (le disque dur de sauvegarde) avec la bonne clé pour ouvrir la porte du garage (le sens utilisé en premier lieu parmi le VAKOG). Puis ouvrir la boîte (accès au souvenir) en ramenant la personne dans l'émotion (clé d'ouverture du souvenir) et travailler sur l'expérience passée pour rendre les résultats futurs différents. On change les modalités, pour une programmation différente dans le futur.

Attention, on ne change pas le passé, on change la perception de la situation du passé. Par de nombreux outils, on pourra en changer l'empreinte laissée dans le cerveau au niveau de l'interprétation. On peut effacer une empreinte et réimprimer une autre programmation par-dessus. Comme un ordinateur…

Pardon pour les explications très mécaniques ou bien encore déshumanisées, dirais-je. Comparer un humain à un ordinateur peut faire crier au scandale les détracteurs des technologies basées sur les intelligences artificielles. Cela fait peur et je comprends ce point de vue. Toutefois, en y regardant de plus près avec la PNL et les images utilisées précédemment, la banalisation des techniques permet de gérer son cerveau comme un ordinateur. Pour se préparer à l'ère de vie commune entre humains et premières intelligences artificielles, c'est à mon sens un grand atout...

Nous aborderons les émotions dans un chapitre suivant. Je dirais que l'être humain est presque comme un ordinateur, AVEC des émotions. Si vous y réfléchissez bien, il y a finalement peu de différences sur le modèle de base. Sauf que nous avons beaucoup de bugs. Le VAKOG est donc une référence importante pour accéder à soi-même.

Je ne vais pas détailler davantage des thématiques et techniques qui nécessiteraient des milliers de pages.

Dans le VAKOG, la PNL met également le focus sur les mouvements oculaires. On dit que les mouvements des yeux ont une signification selon la direction (direction indiquant le questionnement, le souvenir, ou encore le visuel etc.).

Je dois avouer que sur ce sujet-là, il y a beaucoup de discussions. Je peux même certifier que j'ai entendu des formateurs en PNL ne pas donner les mêmes explications. De plus, chez moi par exemple, le sens théorique de la mémorisation est à l'opposé. Un formateur en PNL me demanderait de me souvenir de quelque chose et s'attendrait à me voir lever les yeux d'un côté alors que je les lèverais de l'autre côté. Il y a ici quelques incertitudes.

Mais la PNL ne prétend pas être une science et n'est pas empirique. Le but de mes lignes est de montrer que la base du VAKOG comme filtre d'interprétation personnelle, c'est logique et facilement vérifiable.

Ensuite c'est le grand bazar !! Nous sommes tous pleins de filtres. Ce sont comme des points relais qui laissent leur empreinte sur les signaux. Parmi ces filtres, citons-en quelques-uns.

Expériences propres

Oui, si vous suivez bien vous pourriez crier « Hé, mais TOUT est du ressort de nos expériences propres ! ». C'est exact !! Je tente juste d'expliquer des nuances. Nous avons nos propres méthodes de traitement des informations, de traitement des données, ET nous avons aussi des vies différentes, donc nos expériences propres sont différentes.

Et puis tous ces flocons d'expériences que nous avons en nous, peuvent dégénérer en traumatismes.

Imaginez une avalanche en montagne. Cela démarre par une petite boule de neige qui roule et grossit de plus en plus... Nos expériences au jour le jour sont comme l'image de cette boule de neige et se transforment en avalanche si nous ne nettoyons pas les expériences traumatiques et les filtres, croyances limitantes etc.

Un exemple ? Je vais illustrer par une question - procédé de PNL pour faire travailler de nouveaux circuits chez le lecteur. Pensez-vous qu'un enfant né dans un pays en guerre de nos jours, développe le même « codage » de ses expériences qu'un enfant né dans un pays pauvre, qu'un enfant né en Europe ou même dans la forêt amazonienne ? Sans jugement de valeurs de l'enfant qui sera « meilleur », surtout pas ! Juste une réponse analytique simple. Oui ou non ? Sans réfléchir longtemps, vous avez probablement répondu la même chose. C'est dû au panel d'expériences propres très différentes.

Un autre exemple d'influence d'expérience propre ?

Si une personne a eu un accident de voiture et qu'au moment de l'impact elle mangeait son gâteau préféré, il y a de gros risques pour que son corps ne supporte plus son gâteau préféré. Au moment de l'impact, du choc, de la peur, de la douleur, il y avait le goût du gâteau. Si avant l'accident, ce gâteau avait une saveur délicieuse, il est probable qu'avec ce traumatisme, dans un coin du cerveau, ce gâteau soit maintenant relié à une expérience négative. Il se peut que l'estomac fasse un nœud à la vue de ce gâteau, peut-être à son odeur, à son goût et même au toucher. Parce que le cerveau a codé des informations mêlant quelque chose qui est apprécié à une expérience traumatique.

Pour aller plus loin, il se peut même que la couleur du gâteau - même dans un objet totalement différent - provoque un sentiment de malaise. Sans que la personne ne sache consciemment pourquoi.

Tout est dans les données que nous avons en mémoire. Ces données sont pour la plupart mises automatiquement en « veille », en arrière-plan, dans l'inconscient, ou le subconscient. Encore une fois, je ne souhaite pas entrer dans un débat de « vrai ou faux » au sujet des notions d'inconscient, subconscient etc.

Disons juste que nous recevons une quantité tellement énorme d'informations que nous ne pouvons les garder toutes dans le conscient, elles sont trop nombreuses. Sinon bonjour la folie. Dans cet ordre d'idée, ce que nous classons devient des références pour les actes et les choix. Ce sont nos filtres. Qui influencent notre vision du monde et la manière dont nous allons y interagir.

Au départ, un événement peut sembler anodin. Repensez à l'exemple de cet accident avec le gâteau en main. Il se peut que la personne écoutait aussi sa musique préférée ! Oui, je pense que vous suivez le raisonnement et que cela peut faire peur. C'est comme un abysse potentiel dont il vaut mieux ne pas laisser prendre de l'ampleur.

Un événement peut sembler anodin, puis s'il est ressassé en interne par le petit vélo du mental ou associé à d'autres événements, il grossit. Comme une boule de neige. On peut appeler ça « se prendre la tête » !! Le petit vélo du mental fait des étapes par des points, les filtres ou croyances, qui en modèlent la signification.

Chacun crée sa propre interprétation des choses par ses croyances imprimées dans le conscient et dans l'inconscient. C'est pour ça que la pensée positive ne suffit pas à elle seule. Chacun se crée ses vérités personnelles. Et chacun a sa manière de les retranscrire avec ses propres mots.

Des personnes ayant eu des expériences différentes peuvent ne pas être d'accord sur un sujet et entrer en conflit si elles refusent d'accepter qu'il puisse y avoir d'autres vérités que la leur. D'autres seront assez ouvertes pour écouter et valider d'autres expériences.

Enfin, la cerise sur le gâteau, c'est quand deux personnes ont la même opinion sur quelque chose mais qu'elles croient défendre des points de vue différents.

Il m'est arrivé d'assister à des discussions houleuses jusqu'à ce que je demande aux deux parties si elles se rendaient compte qu'elles parlaient de la même chose mais avec des mots différents. Grands moments de solitude quelquefois !!

Et bien il peut arriver la même chose à l'intérieur de vous. Vous avez vécu dans un domaine deux expériences contradictoires et bam, c'est le conflit interne. On peut également par la PNL régler ces conflits internes, arriver à faire cohabiter deux parties en vous ou bien même les mettre d'accord.

Les expériences personnelles modèlent les filtres et les croyances. J'ai vu de mes propres yeux dans certains pays les nouvelles qui ne parlaient QUE de l'actualité du pays. Rien de l'extérieur. Imaginez comment ces habitants peuvent être formatés à penser... Poursuivons justement avec l'environnement comme constructeur de votre système de croyances.

Formatage dû à notre environnement

La Société. Nous sommes principalement un système de croyances dû à la société dans laquelle nous nous trouvons.

La culture… Il y a des pays à la culture joyeuse. Des pays musicaux, qui aiment la musique.

Même des pays à l'identité religieuse joyeuse. Au Brésil, par exemple, le christianisme revêt une image joyeuse. Cela passe par les statues du Christ. Je ne dis pas que c'est génial et qu'il faut aller à l'église. Je propose juste une petite réflexion.

Pensez-vous qu'il soit plus facile de croire en Dieu et ses bienfaits en voyant l'image du Christ sur les croix en France, ou bien dans des pays aux statues de belle apparence ? Bingo, on vient de mettre le doigt sur un des moyens de formater la population par les symboles religieux. Je ne dis pas que Dieu existe, je dis juste que la manière dont les symboles religieux sont réalisés donnera des filtres différents dans la population.

La famille. Nous portons tous la pression d'un bagage familial. S'en détacher est souvent un… chemin de croix… Belle façon de revenir sur le sujet précédent… Faire différemment du reste de la famille est un cap difficile à passer. Et ensuite il faut affronter les critiques selon le degré de différence de vos comportements.

Votre belle-mère peut laisser son empreinte sur votre manière de vous comporter avec vos enfants… Et c'est souvent ça le plus difficile à assumer… Parce que cela touche le lien le plus profond de la procréation, de la chair de sa chair, du sang de son sang...

Les amis ? Les faux amis. Les vrais amis qui aimeraient ne pas vous juger mais personne n'est infaillible. La tolérance absolue nécessiterait des amis dont la vie va très bien. Il y aussi fort heureusement également les amis bénéfiques à votre évolution. Ceux qui soutiennent, impriment du positif, et cela aide.

Les informations. Oulala… On parle de plus en plus des news qui ne montrent qu'une partie des choses, voir une partie modifiée.

Croyances populaires globales. Qu'est-ce que c'est ? On sait qu'un objet tombe si on le lâche, gravité, attraction terrestre, etc. Tout le monde sait, à partir d'un certain âge, que les objets tombent si on les lâche. C'est une croyance globale. Personne ne la remet en question. L'information est passée un jour dans le domaine des vérités.

Tout comme la couleur du ciel. Même si le mot « bleu » est différent d'une langue à l'autre, le mot « bleu » est une croyance globale pour la couleur du ciel, avec des nuances dans les teintes. Ces croyances globales peuvent mener à beaucoup de confusions, voir à des échecs personnels.

Pour réduire à une échelle un peu plus petite, en Europe centrale par exemple, on est dans une culture de travail. Ne pas travailler est... mauvais signe et mal vu... Ah bon ? Et quand laisse-t-on un espace pour le repos du mental, pour le vide, celui qui régénère et permet l'apparition de nouvelles choses ? Pas souvent... Mais on y vient.

Voilà des illustrations du système de formatage qui nous entoure. On peut changer cela avec la conscience et la PNL pour reprogrammer. Attention ! Si la créativité vous fait peur et que rester dans la routine vous rassure, comme les rongeurs qui adorent tourner dans la roue de la cage, arrêtez-vous là ! Mais il me semble que la période que nous vivons nous laisse de moins en moins le choix. Il vaut mieux le faire avant qu'il ne soit trop tard, que le gouffre soit trop profond.

Et la PNL est un panel d'outils permettant d'atteindre des buts et objectifs plus rapidement que beaucoup de thérapies et outils de développement personnel qui nous enseignent la théorie, mais sans arriver à atteindre la pratique. Parce que connaître la théorie c'est bien, mais quelquefois non applicable. Parce que le mental ou l'ego ne l'acceptent pas. Avec la PNL on peut régler ses conflits avec l'extérieur ou avec l'intérieur. Sans devoir comprendre les processus.

En gros avec la PNL on travaille sur les processus sans forcément avoir besoin de comprendre la machine elle-même.

On ne doit pas forcément concevoir comment est fabriqué un vélo pour savoir en faire. Il faut parfois simplement pédaler quand c'est le moment de pédaler.

Parmi les domaines créateurs de filtres, voyons comment aborder ses croyances ou encore ce que j'appelle son GPS interne.

III - Les croyances

Les croyances, qu'est-ce que c'est ?

C'est notre GPS. Tout ce qui guide le moindre de nos comportements est lié à notre système de croyances. Nous sommes un système de croyances sur pattes ! Chaque chose que nous faisons est le résultat d'une ou plusieurs convictions que nous avons.

Il est utile et porteur de savoir les repérer. Certaines sont décrites comme limitantes (elles bloquent la progression), d'autres sont neutres (elles n'ont pas d'impact sur la progression) et d'autres sont porteuses (elles favorisent la progression). Commençons par expliquer ce que sont toutes ces croyances.

Faisons simple. "Le ciel est bleu", comme cité dans le chapitre précédent. C'est une croyance collective. Tout est ok jusque-là.

"Changer de vie est risqué" est aussi une croyance largement répandue. C'est toujours ok ? Cela devient une opinion limitante. Non ?

"Savoir gérer son stress est faisable" est une croyance positive. Elle ouvre la porte à de l'espoir.

Exemple de mots amenant des croyances : il faut que, je dois, je ne suis pas assez courageux pour, on m'a dit que, etc.

« Je n'y arriverai pas » est une croyance. « L'économie est mauvaise partout, pas la peine de changer de vie » en est une autre. « Je dois me satisfaire de ce que j'ai », « Le ciel est bleu » sont des croyances. Qui a dit que la couleur bleue se nomme bleue ? On a dû établir des codes de communication et il a été décidé que cette couleur s'appellerait « bleu ».

C'est donc devenu une croyance commune. Certaines sont inévitables et nécessaires afin de pouvoir communiquer avec le langage, d'autres vous pourrissent la vie et vous empêchent d'avancer. Si vous avez déjà travaillé sur votre système de croyances, je vous invite tout de même à vous questionner.

De quoi êtes-vous certain actuellement pour votre futur ? Êtes-vous certain que votre futur sera facile ? Êtes-vous certain de pouvoir aborder la nouvelle direction que prend ce monde ? Vous savez, je parle des changements structurels profonds que nous traversons actuellement. La meilleure croyance que vous pourriez installer actuellement est que vous savez que vous ne savez rien.

L'apprentissage est actuellement constant pour tout le monde et la flexibilité est la meilleure des stratégies. Une de mes croyances est qu'avec la foi, on s'en sortira toujours, parce que je la vis depuis des années. Savez-vous repérez vos croyances ? Les croyances limitantes ? Les croyances porteuses ?

Repérer ses croyances

Dans l'exemple que j'ai cité plus haut avec l'interprétation possible du cerveau de la phrase « il faut faire la charité à son voisin », vous avez une illustration d'une croyance faisant partie d'un système complet de croyances.

Quand vous dites « il faut », ou « je dois », demandez-vous toujours qui a décidé ceci. Il faut ? Mais selon qui ? C'est une croyance. Votre système de croyances est bien plus large que vous ne le percevez.

Votre système de croyances a été construit par la société, votre famille, vos parents, le contexte religieux (même si vous pensez être athée), la manipulation sociétale des masses, etc.

De nos jours, beaucoup pensent encore qu'il FAUT être marié, avoir des enfants, un chien, un job, une belle voiture et une belle maison pour être heureux. Combien ont eu tout cela et se sentaient vides ? Ils ont ensuite rajouté une voiture dans leur garage, construit une piscine plus belle que celle de leur voisin en pensant que cela irait mieux. Et puis ?

Ce sont les critères de bonheur dictés par nos sociétés capitalistes. Plus la masse dans ce système des pays riches se sent vide et plus elle consomme, espérant combler ce vide. C'est surtout bon pour le système de consommation. Et pour vous ?

La consommation de masse ne fait que vous faire miroiter un bonheur extérieur à vous, vous rendant impossible d'être heureux dans le moment présent. Vous rendant impossible d'être plein de gratitude pour ce que vous êtes, à chaque instant.

Toute croyance populaire est passée par des phases. Une croyance est devenue « vérité » quand suffisamment de gens y ont cru. Mais ce n'est pas forcément la vérité. Vous me suivez dans le raisonnement ?

Beaucoup de croyances ont aussi été acceptées sans en comprendre le fondement. Il est accepté, de manière générale, qu'un stylo tombe par terre par des lois de poussée, d'attraction etc. La majorité ne sait pas comment le stylo tombe mais elle l'accepte. Ces croyances sont léguées par ceux qui vous les enseignent. C'est comme ça, un point c'est tout... N'est-ce pas ?

Imaginez qu'un rédacteur ait un jour fait une faute de frappe dans un livre scolaire, il y a très longtemps. Il aurait écrit « 2+2=5 ». Vous souriez probablement en vous disant que vous sauriez que c'est faux.

Parce que vous pouvez le vérifier sur vos doigts. Mais s'il s'agissait de quelque chose que vous ne pouvez pas vérifier facilement, sauriez-vous que c'est « faux » ? Là cela devient intéressant.

Les pratiques des scribes de civilisations anciennes ont majoritairement dévié dans cette direction. Des choses que vous ne pouvez pas vérifier vous sont imposées comme des vérités, parce que certains ont décidé que ce sont des vérités.

J'espère avoir pu vous éclairer pour repérer les croyances et comprendre que c'est bien plus étendu qu'on ne l'imagine au départ… On peut ainsi ensuite changer ses croyances.

Changer ses croyances

Avec de nombreux outils de PNL on peut changer ses croyances et donc ses états émotionnels internes. Je citerai ici des intitulés d'exercices que vous pourrez apprendre à connaître par vous-même, et je reprendrai quelques exercices dans le chapitre dédié à ceux-ci.

Parmi les outils que l'on possède en PNL, voici quelques dénominations. Attention, cela paraît compliqué. En effet, encore une fois, la PNL demande de très nombreuses heures de formation et de pratique pour ces outils allant travailler en profondeur. Cette liste est non exhaustive et ces outils peuvent également servir pour d'autres changements que les croyances.

Recadrage.

Marelle des croyances.

Négociation entre parties (de vous-même).

Changement d'histoire personnelle.

Boussole du langage.

Questionnement.

Reformulation.

Réalignement des niveaux logiques.

Ancrage.

Stratégie “comme si”.

Recadrage en six pas.

Etc., etc., etc.…

Ces outils sont de plusieurs types, cerveau gauche, rationnel, cerveau droit, ludique… Il y en a pour tous les goûts et toutes les couleurs…

C’était une petite visite guidée du royaume des croyances… Les croyances font partie du système complet, nommé les niveaux logiques, que nous passons rapidement en revue dans le chapitre suivant. Les autres niveaux logiques sont tout aussi intéressants à travailler que les croyances. Toutefois, les croyances sont un morceau lourd et très abîmé dans nos sociétés actuelles. Nous avons quelquefois l’impression d’être tous à l’envers ! Ou du moins nous devrions avoir cette impression…

Penser être le maître du monde et détruire la planète en moins de temps qu’un battement de cil, comparé aux nombreuses générations ayant vécu sur terre avant nous, je suis désolé pour la conclusion peut-être hâtive, mais je pense que nos sociétés ont un réel problème de croyances ! Tous à l’envers ! Ou presque…

IV - Les niveaux logiques

On considère qu'il y a des niveaux d'influence sur chaque personne. Comme l'indique la pyramide de Pavlov qui décrit les besoins, nous avons des besoins sur chaque niveau, donc des influences de chaque niveau.

On représente généralement ces niveaux sur une pyramide.

En partant du pied de la pyramide, on trouve la 1ère couche d'influence : l'environnement. Nous en avons vu quelques illustrations dans le chapitre dédié aux croyances. C'est la société, la famille, les amis, les collègues de travail, le tissu religieux, même le climat. Comment ce premier niveau peut-il avoir de l'influence ?

Les règles, les normes, les codes sociaux, votre travail, les habitudes familiales, le jugement de la différence, l'empreinte religieuse même si vous ne pensez pas la porter. Sans travail dessus, nous portons tous les croyances religieuses de notre environnement à des niveaux plus ou moins forts selon les familles. J'ai vu des gens, lors d'une conférence en comité restreint sur le mal-être, qui pensaient ne pas porter de croyances religieuses. Il s'avère qu'ils ont eu un grand moment de solitude face à une prise de conscience choquante dans ce domaine.

On a demandé aux gens s'ils voulaient être heureux. Déjà, il aura fallu poser la question trois fois pour entendre enfin quelques « oui » convaincus et convaincants... Donc quand enfin des « oui » se sont fait entendre, ce fut le grand blanc quand l'assistance s'est entendu dire « Mais enfin Messieurs, Mesdames, il faudrait revoir vos attentes à la baisse !! Vous voulez être heureux alors que Jésus a fini sur une croix pour vous avec des clous partout dans le corps ? Vous n'avez pas honte ? ». Il y a véritablement eu un moment de silence, un grand moment de solitude, comme je l'ai appelé. La démonstration visait à faire comprendre que, même chez les gens qui se disaient athées et qui pensaient ne pas avoir de croyances religieuses, il était facile de réduire leur joie en cendre simplement à la mention de l'image que le monde entier a déjà vue, ou presque. Leur état émotionnel a changé rien qu'en pensant à cette image.

D'ailleurs, ces croyances-là sont les plus enracinées, les plus profondes parce qu'elles ne datent pas d'hier, contrairement à l'influence de votre environnement familial par exemple. Bien que, sans aller dans les détails, nous portons tous le bagage familial de plusieurs générations par la manière dont chaque génération élève ses enfants, et ainsi de suite... C'est une couche de l'oignon qui est plutôt coriace à décrasser, oserais-je dire... C'est l'influenceur numéro un. Il a un impact sur le niveau suivant.

Le niveau suivant est celui des comportements. Influencé par le niveau du dessous et influençant le niveau du dessus…

Le niveau suivant est décrit comme celui des capacités ou ressources. Les comportements influencent notre niveau de ressources et capacités (capacité à faire quelque chose ou « skill » en anglais).

Nos comportements influencent notre capacité à acquérir de nouvelles capacités et ressources.

Et puis nous avons le niveau des croyances et critères, influencé par les niveaux du dessous et influençant le niveau d'au-dessus qui est le niveau de l'identité.

Notre identité est influencée par nos comportements et souvent les traits de notre identité sont réduits à ce que les gens voient de nos comportements.

Nos comportements ne sont toutefois pas toujours le reflet de notre identité. Je m'explique dans quelques lignes…

Et puis nous avons tout en haut de la pyramide le transpersonnel. C'est le tout auquel nous appartenons.

Ces niveaux sont regroupés en trois catégories que l'on retrouve d'ailleurs dans les domaines philosophiques ou spirituels par exemple.

Les deux premiers, environnement et comportement sont regroupés sous la catégorie « corps » ou la sphère matérielle pure.

Croyances et critères sont regroupés sous la catégorie « cœur ».

Identité et transpersonnel sont regroupés sous la catégorie « conscience ».

Corps, cœur et conscience... Les trois plans d'une personne...Il existe des outils pour travailler sur ces niveaux logiques un par un et aussi pour travailler sur leur alignement, leur cohérence. Les niveaux en désaccord se télescopent en interne, pour ainsi dire, et créent des confusions. On peut travailler sur la cohérence des niveaux.

En partant du bas ou bien du haut. Le travail par le haut (commencer par mettre le doigt sur le transpersonnel de la personne) est souvent plus rapide et plus costaud également. Nous avons tous besoin de nous sentir appartenir à quelque chose, à des valeurs communes. Ce sentiment d'appartenance global à quelque chose de plus grand est un très bon levier de motivation.

Quand les changements internes, qui au final ont pour but de se voir à l'extérieur, sont très confrontants et difficiles, le sentiment d'appartenance est une bonne béquille à laquelle se raccrocher...Justement quand les changements sont difficiles, à quoi est-ce dû ? Aux émotions...

Chapitre suivant !

V - Les émotions

Les émotions… Souvent décriées dans nos sociétés, les émotions ont la vie difficile. Si l'on pleure, on est vite catalogué « dépressif ». Si l'on se met en colère, oh la la, classé dangereux ! Mais nous sommes des êtres faits d'émotions, nous sommes des êtres émotionnels par excellence parmi le royaume des vivants sur cette planète.

Nous sommes comme des cocottes minute, quand les émotions sont contenues ou compressées, cela mène inévitablement à des débordements, voir des explosions ! La soupape de sécurité ! Pourquoi nos sociétés « modernes » tentent-elles de diaboliser les émotions ? Voir de les bannir ? Et pourquoi dans le même temps calcule-t-on le QE des gens ? Il y a le QI, quotient intellectuel, et il y a le QE, quotient émotionnel.

Ce dernier est déjà considéré par beaucoup comme très important. Je pense, pour l'avoir vérifié, que les émotions sont un levier puissant. Je pense même que ceci nous rend imprévisibles. Une intelligence artificielle est prévisible, c'est une question d'algorithmes. Si l'algorithme est complexe, il est plus difficile de prédire mais à la base, cela reste prévisible. Je pense que nos sociétés ont tendance à vouloir bannir les émotions car elles n'aiment pas les gens imprévisibles…

Et puis, juste pour le détail important, comment vous comportez-vous quand vous êtes amoureux ?

Quand vous éprouvez de l'amour ? Avez-vous remarqué que souvent les gens consomment moins de manière compulsive quand ils sont amoureux ? On les reconnaît au sourire béat sur leur visage ?

C'est même énervant quelquefois, tellement certains sont sur leur nuage ! Je plaisante pour caricaturer. Bref, on a tendance à moins acheter de gadgets pour se sentir exister, pour trouver un sens à son existence. A se demander si finalement le fait d'éprouver des émotions amoureuses est bon pour la société de consommation... Mais ceci est un autre débat.

Je me souviens, il y a quelques années, on décrivait la dépression comme un problème. Aujourd'hui, des spécialistes déclarent que la dépression peut être un levier de progression si elle est prise correctement. Une dépression c'est quoi ? De la tristesse. La tristesse c'est quoi ? C'est une émotion. Être dépressif est un état émotionnel, tout comme être joyeux. La PNL a bien compris que les émotions font partie de l'Homme.

Il en va de même avec le mental. En spiritualité par exemple, on entend souvent qu'il faut sortir du mental. Pardon ? Avoir un outil tellement puissant dans notre boîte crânienne et penser qu'il faut en sortir ? Le faire taire ? Oui, si le mental est semblable à un petit vélo qui ne cesse de tourner dans le vide, ça rend chèvre ! Mais il est à mon sens insensé de penser pouvoir sortir du mental. Notre cerveau est comme un ordinateur, il fonctionne toujours. Il peut fonctionner correctement en arrière-plan ou bien faire des tours incessants et… prise de tête… ahah…

La PNL a bien compris ceci également. Le but est de faire fonctionner notre cerveau, le processeur, correctement, et sans surchauffe, en prenant en compte l'être émotionnel que nous sommes.

Il y aurait des tribus anciennes en Australie par exemple qui ont une gestion immédiate des émotions, comme les enfants.

Si quelqu'un se promène et a subitement une tristesse qui apparaît en pensant à un être cher, et bien, cette personne s'arrête et pleure.

Et puis quand le sac est vidé, elle se remet en route. Ces tribus ne connaissent pas de maladies telles que le cancer. Les maladies viennent de nos émotions non libérées.

Se laisser pleurer dans la rue subitement… Inconcevable dans nos sociétés n'est-ce pas ?

Certainement, mais pas impossible. Si nos sociétés modernes nous incitaient à gérer nos émotions de manière rapide – même si ce n'est pas dans l'instant – cela ne créerait pas de boule au ventre, sac de nœud qui finit par rendre malade.

On parle finalement peu souvent des émotions dans les livres de PNL, on les cite dans les exercices mais je voulais en faire un chapitre spécial, un chapitre entier, même court, en hommage à ces états qui peuvent nous détruire tout comme ils peuvent nous sauver.

En thérapie avec la PNL, on va chercher à connecter une personne à une situation du passé traumatique par les souvenirs des sens – les portes d'entrée - et par le canal des émotions. Quand on est de retour dans l'émotion traumatique on peut changer l'empreinte de la situation dans le corps. Dans l'axe de progression on va chercher l'émotion porteuse d'une personne, pour la booster à vouloir changer.

Parce que beaucoup de choses à l'intérieur de nous se battent pour ne pas changer. Mais une émotion de joie, d'amour qui vous envahit à l'idée de faire différemment, ça booste, ça soutient dans les moments de doute. J'aborderai un exercice de visualisation dans la partie exercices.

VI - Axes d'application

Communication

Comme déjà cité précédemment, la PNL est très largement utilisée en communication. Des orateurs très écoutés utilisent des outils tels que l'hypnose conversationnelle ou encore la PNL. L'utilisation de la PNL en communication est quelquefois très critiquée. C'est en effet un outil qui permet de mieux communiquer, donc, par enchaînement d'idée qui permet de manipuler…

Oui, beaucoup de politiciens utilisent des connaissances en PNL pour se faire entendre et être écoutés. Et cela peut vite dériver sur l'idée que c'est un outil de manipulation. Non, c'est un outil de communication. Pourquoi décrier une méthode qui est utilisée pour communiquer ? Et bien ma foi parce que c'est un outil qui est très puissant.

Je vais vous donner mon avis qui est partagé par bien des praticiens en PNL. Tout comme un marteau dont le but est de construire, on peut aussi s'en servir pour détruire. Je ne connais pas une méthode de construction qui n'ait pas été utilisée dans un but contraire un jour par l'être humain.

La PNL n'échappe malheureusement pas à la règle. Elle est utilisée à bon escient par des gens bien intentionnés et à mauvais escient par d'autres personnes. Mais cela ne remet en rien en cause la puissance de cette méthode, l'efficacité de ces outils. Plus un outil est puissant pour construire plus il peut être puissant pour détruire, plus il peut être destructeur. Mais est-ce bien raisonnable de rejeter un outil puissant sous prétexte que des personnes mal intentionnées l'utilisent à mauvais escient ? Rejette-t-on un marteau parce que certaines personnes font de la casse avec ?? C'est insensé, non ?

Je dirais même qu'il est plus judicieux d'utiliser les avantages plutôt que de fuir en courant. J'ai remarqué que depuis mon apprentissage de la PNL, je ne suis plus manipulable aussi facilement. Depuis que je connais et pratique cette méthode, j'avoue voir les politiciens arriver de loin avec leurs gros sabots, quand ils font un discours bourré de… vide… rempli de vide… Une fois qu'on sait reconnaître les distorsions, les omissions, les généralisations et qu'on sait que ça ne veut… rien dire… et bien on est mieux préparé... Alors pourquoi s'en priver ?

Je vais vous partager une petite illustration de langage afin de vous ouvrir une des portes les plus secrètes de la PNL, la plus sombre finalement…

Attention, illustration choquante peut-être… Si nous prenons les dix commandements.

Un exemple de communication qui pourrait être utilisé à des fins de manipulation. Que tout le monde connaît ou presque. On pourrait prendre celui des dix commandements. Ils sont tellement imprécis qu'ils peuvent finalement englober tout et n'importe quoi.

"Tu feras la charité à ton voisin" par exemple. Oui mais à partir de combien ? Et sinon il se passe quoi ? L'enfer ? Mais alors il vaut mieux rester pauvre ! Ceci pourrait être un enchaînement d'idées créé par le cerveau car la phrase manque de détails et le cerveau n'aime pas les choses incomplètes. Il va donc imaginer les morceaux manquants. Et là, c'est la porte ouverte à toutes les fenêtres comme je m'amuse à le dire parfois.

L'étude de la PNL permet, entre autres, de reconnaître les processus de généralisation, d'omission et de distorsion qui apparaissent dans le langage. Et donc de progresser pour mieux comprendre et être mieux compris. De nos jours, vu la tension que la société et les modes de vie induisent, alors que les gens deviennent de plus en plus pressés et électriques, il vaut mieux communiquer vite et bien... Non ?

Thérapie

Je vais commencer par vous citer un exemple personnel du WOW que j'ai vécu par la PNL concernant la phobie des serpents. J'avais une phobie des serpents qui a été travaillée avec un enseignant en PNL.

Nous étions en formation. Comme pour tous les exercices, il demande des volontaires. Parce que le meilleur moyen d'apprendre en PNL c'est de l'expérimenter sur soi-même. Cela permet de constater par soi-même les changements incroyables que cela peut apporter.

Il demande un volontaire pour le traitement d'une peur profonde, d'une phobie. Personne ne lève la main, on n'aime pas toucher aux sphères profondes qui font mal ou peur. Finalement je me dis que c'est l'occasion de me soulager de cette peur des serpents.

J'y vais. Le formateur me dit de m'installer sur la chaise vide à côté de lui. Par le langage et la synchronisation à ma posture, il me ramène dans une situation de grande peur d'un serpent. Les émotions sont présentes. Et là, il fait une petite pause avec moi pour expliquer le déroulé aux autres personnes présentes. Je n'ai pas tenu une minute, baigné dans ma peur glaciale dans le corps, je lui ai dit avec humour qu'étant un très bon formateur, il m'a ramené dans ma peur avec beaucoup de succès mais qu'il serait bien de ne pas me laisser trop longtemps dedans ! Parenthèse d'humour, il est revenu à la démonstration et en quelques minutes, je me suis senti une nouvelle version de moi en m'imaginant face à un serpent.

Je resterai toujours prudent, il ne faut pas se sentir invincible non plus, mais le degré de mes émotions de peur en revisitant le même souvenir est littéralement tombé. Il a principalement utilisé - hormis la synchronisation et la boussole du langage pour chercher mes canaux d'entrée - la technique de dissociation simple puis dissociation double. Je vous invite à creuser ces techniques si vous en sentez l'appel.

Il peut être dangereux de trop se dissocier de certaines parties de soi-même – beaucoup de gens sont actuellement trop disloqués, dissociés – mais c'est un processus très utile pour gérer les grands stress ou encore les phobies.

Cela ne veut pas dire que je n'ai plus peur des serpents. La PNL n'a pas pour but ni finalité d'enlever l'instinct de protection et de survie du cerveau… reptilien justement. Cela mènerait à des comportements totalement irraisonnés et dangereux pour soi-même. Oui je sais, beaucoup de serpents sont inoffensifs si on sait s'y prendre. Mais il existe quand même des espèces avec lesquelles il ne vaut mieux pas essayer. La PNL permet de ne plus avoir de peurs irraisonnées concernant quelque chose, sans toutefois endommager notre système de survie.

Elle permet de régler des situations traumatiques du passé. Peurs, colères, jalousie etc. Toutes ces émotions destructrices peuvent être reprogrammées.

C'est de la guérison.

Un autre axe est la progression.

Devenir une meilleure version de vous-même

Trouver votre stratégie d'apprentissage vous éclairera sur beaucoup de points et vous aidera à évoluer malgré l'environnement.

On peut décoder une stratégie d'excellence et la transposer dans un autre domaine. Par stratégie d'excellence, entendez « qui a toujours ou presque un résultat d'action ». Si par exemple vous êtes en surpoids et êtes incapable de résister à du chocolat, il est possible de décoder la stratégie interne (stimulus, dialogue interne, action) pour la transposer dans un autre domaine. Parce que votre stratégie interne avec ce stimulus a un haut degré de réussite.

Si par exemple vous buvez trop peu d'eau, le même type d'information de stimulation peut être utilisé pour boire plus et ne pas pouvoir résister à un verre d'eau. C'est très caricaturé en vue d'être simplement compréhensible. Ce sujet est passionnant et très vaste mais ne s'improvise pas en quelques lignes.

Prenons l'exemple de l'utilisation d'un processus interne efficace à 100%. Fumer c'est pas bien ! Mais le processus est efficace à 100% si on ne peut résister à une cigarette. Ou bien manger du chocolat.

Si à chaque fois qu'on vous propose du chocolat, vous l'acceptez, vous avez une stratégie d'excellence sous la main !! Ou plutôt en vous...

Avec un outil de décodage de stratégie, on peut décortiquer le processus interne et l'utiliser pour progresser dans un autre domaine.

Cet exercice de décodage consiste à prendre un exemple de processus infaillible ou presque. Un processus d'excellence. Comprenez par-là, un processus menant toujours ou presque à une action. Puisque pour changer un comportement (une action), on souhaite au final reprogrammer nos réflexes, on peut décortiquer une stratégie d'excellence et la transfigurer pour le comportement que l'on veut atteindre.

Utiliser la programmation pour un autre objectif. Un décodage de stratégie cherche toujours à trouver le déclencheur externe.

Dans l'exemple cité plus haut du chocolat, et bien le déclencheur externe sera le chocolat. On pourra chercher le sens principal (VAKOG). La vue du chocolat vous donne envie ? Visuel. Ou bien le fait d'entendre le mot « chocolat » ? Auditif. Ou bien l'odeur ? Etc.

Ensuite on cherchera le dialogue interne qui se passe. Dans votre tête, vous vous dites quelque chose.

C'est ceci que l'on va chercher et on va soigneusement le noter.

Ensuite on peut rechercher l'émotion connectée et le besoin que l'on cherche à satisfaire (c'est un levier puissant de motivation pour tout comportement nouveau). On décortique tout ce qui se passe à l'intérieur jusqu'à l'action finale où l'on prend le chocolat et on le mange. Action... Ce processus une fois décortiqué, analysé, on en garde le schéma pour l'utiliser pour tout objectif à atteindre, tout comportement nouveau.

Champ d'application illimité ! Mais "en quoi ça me concerne" pourriez-vous me dire ? Cela ne vous concerne que si vous voulez aller mieux. Cela ne veut pas dire que vous allez mal. Aller mieux veut dire progresser. Si votre vie est déjà impeccable, satisfaisante et que vous êtes sûr de ne jamais aller mal et de pouvoir assurer le futur pour vous et votre famille, la PNL n'est pas pour vous !! Fermez le livre. Si un peu plus de détails vous intéressent, chapitre suivant ! Allons pratiquer quelques outils et exercices...

VI - Outils et exercices

Voyons quelques outils et exercices simples et puissants. Il existe de nombreuses variantes dépendant des formateurs et praticiens. L'avantage est que selon le cas de figure et ce que l'on cherche à atteindre, la PNL permet de varier, elle est flexible. On peut mélanger plusieurs techniques. Tant que cela fonctionne. Ces exercices à titre d'exemples ne sont pas, pour la plupart, figés et stricts. Ceux incluant une représentation spatiale avec des espaces pour des parties bien définies, demandent plus de rigueur et de respect du mode opératoire.

Lecture de votre système de croyances

Que ce soit pour un objectif professionnel, personnel, de performance sportive basique, cet outil est bluffant.

Vous pouvez partir vous-même à la recherche de vos croyances limitantes pour les repérer, en prendre conscience et même les changer. Prenez une situation particulièrement difficile pour vous. Quelque chose que vous n'arrivez pas à réaliser, un cap que vous n'arrivez pas à passer.

Dans l'idéal replongez-vous dans une de ces situations, comme si c'était le présent, jusqu'à en ressentir les émotions. Cela ne sera peut-être pas très agréable mais ce n'en sera que plus efficace. Posez-vous ensuite des questions. La PNL repose essentiellement sur le fait de poser des questions. Ces questions à votre cerveau l'obligent à trouver les réponses. Si cela ne veut pas, continuez. Restez devant votre feuille blanche jusqu'à obtenir des réponses. Si vous calez, rassurez-vous, c'est courant ! Une des astuces pour un écrivain en mal d'inspiration est de se forcer à rester devant la page blanche pendant un certain temps et de renouveler l'opération.

Au bout d'un moment, le cerveau et l'ego en ont assez et croyez-moi, les réponses vont venir. Notez sur un papier ce qui vous a empêché d'atteindre votre but : événements récurrents, pensées, procrastination, etc. Continuez ! Posez encore la question. Y a-t-il autre chose ? Vous pourriez être surpris de voir une autre couche de limites apparaître. Utilisez la question « Et au-delà de ceci, qu'est-ce que je cherche à satisfaire de plus haut ? ».

Vous trouverez peut-être une ramification qui vous fait remonter d'un niveau. S vous gérez bien cette question, vous pouvez même remonter jusqu'au niveau transpersonnel, jusqu'au niveau d'appartenance dont nous avons tous besoin.

Quand votre liste semble ok, prenez une ligne après l'autre et demandez-vous quel besoin vous avez satisfait en obéissant à ces limites. Chercher les enfants à l'école ? Besoin d'assumer ses responsabilités par exemple ? Pensées négatives du genre « je n'y arriverai pas » ? Vous avez pu, entre autres, satisfaire un besoin de confiance en vous :« Si je fais et que cela ne marche pas, je vais perdre confiance ». Procrastination ? Vous avez peut-être satisfait un besoin de stabilité et de sécurité. Même si ce n'est peut-être qu'une illusion parce qu'en remettant à plus tard, cela peut s'avérer encore plus vital et difficile. Nous sommes ici dans le domaine des croyances limitantes.

Une fois que vous avez repéré les besoins à satisfaire en NE FAISANT PAS, demandez-vous-en quoi cela pourrait aider de tout de même atteindre votre objectif. Qu'est-ce que cela apporterait ?

En quoi cela changerait-il votre situation ? Si vous trouvez trop peu d'aspects positifs alors que la liste des besoins de confort avec une situation inchangée est longue, il est peu probable que l'objectif soit atteint sans un travail sur les croyances. Suis-je sûr que la situation d'aujourd'hui m'apporte la réponse au besoin qui est sur le bout de papier ?

En ne faisant rien pour changer, est-ce que je suis en sécurité ? Selon l'étendue des blessures internes, il faut peut-être faire un travail supplémentaire avec un professionnel. En gros, prenez un coach si vous tenez à changer tout de même !

Il faut retenir qu'en faisant cet exercice, vous connaîtrez vos besoins. Qu'à force de se questionner pour voir si c'est justifié ou si c'est une illusion, une excuse que l'on se donne, on peut finalement déjà avoir activé des processus en arrière-plan que l'on ne soupçonne même pas.

Vous serez peut-être surpris de voir vos comportements changer rien qu'avec le fait de s'être posé des questions. Vous m'en direz des nouvelles...

Objectifs sportifs ou préparation mentale

Il y a plusieurs variantes à cet exercice, en voici une…

Définissez un objectif que vous voulez atteindre. Visualisez-vous avec l'objectif déjà réalisé, au moment de la victoire. Connectez-vous à l'émotion de joie que cela procurerait, que cela procurera une fois atteint. Ah oui, la montée d'adrénaline, d'endorphine, de sérotonine et ses autres copines « les hormones du bien-être » …

Du bonheur ! A ce moment-là, il est probable que cela vous procure une jolie sensation. Ancrez l'état émotionnel avec un point de pression sur une partie de votre corps que vous pourrez facilement presser (voir « ancrage »). C'est le levier par les émotions que nous avons cité dans le chapitre concernant les émotions.

Une fois l'état émotionnel ancré, puissant levier de motivation, revenez au début. Vous visualisez comment vous commencez toujours la scène avec pour but de réaliser cet objectif, de gagner. Vous visualisez la scène telle que vous la vivez habituellement et là, pour en changer le déroulé, pour atteindre d'autres résultats, stimulez l'ancrage effectué pour retrouver l'état émotionnel. Porté par cet état émotionnel, ou plutôt tiré par celui-ci puisqu'il vient du futur… Ah…

Admettons qu'un point qu'on visualise pour le futur est un point du futur. Le travail est de le faire se réaliser. Porté par cet état émotionnel, ou plutôt tiré par celui-ci, imaginez ensuite le déroulé de la scène jusqu'au point de victoire. Regardez-vous avancer vers la victoire et l'atteindre.

Refaites cette visualisation plusieurs fois avec activation de l'ancre autant que nécessaire. Observez-vous faire votre prestation en pleine forme. On peut même augmenter sa masse musculaire par des visualisations de pratique sportive…

Là, cela devient impressionnant. En gros, il est possible de faire croire aux muscles qu'ils sont plus entraînés et plus forts en visualisant l'exercice physique. Je le pratique moi-même, j'ai une condition physique ma foi plutôt surprenante en considération du peu de sport que je pratique. Ces exercices sont également un bon outil pour les flemmards. Des raccourcis. Des flemmards, ou bien des gens aimant l'optimisation ?

C'est juste une question de sémantique et de point de vue. Toutefois, même si votre condition physique peut devenir meilleure grâce à la visualisation, cela ne remplacera pas une activité sportive dans la réalité. Ce serait un peu trop science-fiction… Et je dois vous prévenir que si cela ne marche pas tout de suite, c'est courant. Raisons ?

Cela entre peut-être en conflit avec des croyances limitantes et cela va ressortir un à moment donné. L'écologie interne globale est toujours gagnante. Si vous avez des scories de croyances limitantes plus grandes que le levier émotionnel induit par les changements en vue, vous aurez beau penser positif, visualiser positif, cela ne marchera pas. Ou pas tout de suite. On ne peut pas vous promettre que cela marchera comme par miracle sur vous, mais on peut vous promettre que cela a déjà fonctionné pour d'autres. Donc, pourquoi pas vous ? Voir présupposé 4, 9, 10 et éventuellement 11 !! Sourire...

Vous pouvez visualiser tout le déroulé du film plusieurs fois et le ressentir, le vivre pleinement les yeux fermés. Ensuite pour pouvoir réajuster plus tard si nécessaire, vous pouvez rajouter un outil de coaching consistant à quantifier avec une note sur 10 votre état et vos performances en temps normal, avant la visualisation et depuis l'exercice de visualisation.

Vous pourrez refaire une vérification avec une note sur 10 à chaque fois que vous referez une nouvelle visualisation. Celle-ci pourra être exactement identique ou bien si c'est trop irréalisable et irréaliste, vous pouvez réduire un peu vos exigences. Cela dépend de la personnalité.

Certains préféreront poser un objectif plus bas et l'atteindre que plus haut qu'ils n'atteindront peut-être jamais à 100% mais qui les tirera plus haut qu'un petit objectif. A vous de savoir ce que vous préférez.

Alors, envie d'essayer ??

La lecture du langage pour communiquer correctement

Pour les thérapeutes ou bien même si vous devez interagir avec vos collègues de boulot en réunion, négocier avec vos enfants - haha, et oui, de nos jours on doit souvent trouver un terrain d'entente avec ses enfants, même pour qu'ils rangent leur chambre ! -, les premiers outils recommandés sont la lecture du langage et la synchronisation.

La lecture du langage est un large domaine. Et pouvoir l'utiliser correctement encore plus mais on peut facilement intégrer un premier niveau pour s'adapter un minimum à un interlocuteur. Il vaut mieux ensuite parler dans le même registre de vocabulaire. La lecture du langage signifie d'écouter comment la personne parle.

Si elle utilise principalement des mots de catégorie visuelle, son sens d'entrée est probablement le visuel. Expliquez-lui quelque chose d'important. Si elle répond « je **vois** ce que vous voulez dire », visuel. « **J'entends** votre argument », auditif. « Je **sens** que vous allez pouvoir m'aider », kinesthésique. Cela va plus loin que ceci dans les finesses du langage mais c'est déjà un bon début.Pour bien pratiquer cet outil, il faut savoir écouter la personne et ensuite parler dans le même registre sans devoir réfléchir. Un gros travail. Si cela est trop compliqué, cela demande de l'apprentissage et de l'entraînement, tentez au moins la synchronisation.

Synchronisation pour faciliter les échanges

La synchronisation permet dans un premier temps d'établir le rapport avec la personne en face de vous. Pour communiquer bien sûr ! La synchronisation est le fait de s'adapter à la gestuelle de votre interlocuteur. Dans n'importe quelle situation où il vous est nécessaire de communiquer avec quelqu'un et que vous avez différents points de vue, si vous souhaitez trouver un terrain d'entente sain, observez la gestuelle et les attitudes.

Si une personne est renfermée et timide et a les bras croisés par exemple, il est très probable que si vous arrivez pimpant de joie, exubérant et en parlant fort, la personne ne s'ouvrira pas à une communication authentique avec vous. Elle pourra même fuir la conversation rapidement, quitte à vous dire « oui » mais sans le penser.

S'adapter à la gestuelle permet d'établir le rapport. Il est même possible d'améliorer l'état de la personne sans qu'elle s'en rende compte en vous calant d'abord sur sa gestuelle et en ouvrant doucement votre propre corps vers une gestuelle plus ouverte.

Attention, à utiliser avec bienveillance !!! Pas pour obtenir ce que vous voulez. La tentation est grande !! Mais vous le regretteriez probablement tôt ou tard. Pratiqué avec des valeurs de bienveillance, cet outil peut apporter une grande richesse dans les échanges.

Défi des 10 jours

Celui-ci est proposé en PNL mais aussi en pensée positive, en coaching et peut-être d'autres méthodes encore. Toutefois je vous le propose ici.

Zéro pensée, émotion ou comportement destructeur ou non constructif envers moi-même, les autres et mon environnement pendant 10 jours. Wow !

Si cela se produit, et il est quasiment certain que cela va se produire au moins au début, rectifier le jugement porté sur ce qui déclenche une négativité. On peut relativiser les choses, se forcer à ne pas critiquer etc. C'est là que vous pourrez éventuellement constater l'étendue immense de la tendance à critiquer actuelle. Rectifiez vos pensées sur les sujets qui vous poussent à vous saboter.

Là, ça devient corsé : si vous vous surprenez à être en état de pensées, émotions ou comportements négatifs plus de 10 minutes, prolongez le défi de 10 jours supplémentaires. Il se peut que par moments vous ayez envie d'envoyer balader cet exercice ! Et autour de vous, ça peut vous bousculer devant un changement d'attitude fort.

Ressentez et vivez chaque jour deux fois, avec les yeux fermés de préférence l'état émotionnel de pleine réalisation de vous-même. Même si vous n'avez pas de détails concernant le contenu de cette pleine réalisation, ressentez l'état qui en découlerait.

Si jamais cet exercice vous confronte beaucoup et

vous irrite, ne m'en veuillez pas ! Je n'y suis pour rien ! Sourire. Je peux vous assurer que c'est vraiment un challenge, cela porte très bien son nom... Et soyez tout de même tolérant avec vous-même : nos modes de vie actuels ne sont en rien propices à ce mode de fonctionnement. Accordez-vous de la tolérance, sans toutefois tout vous pardonner.

Ancrage

Un ancrage est de manière simpliste une empreinte dans le corps. Une sensation installée dans le corps que l'on peut activer à souhait. Beaucoup d'ancrages sont automatiques.

Si vous vous êtes fait mal au pied, une sensation de douleur s'est ancrée dans le corps au contact de la partie douloureuse. Si l'on vous touche le pied à cet endroit, le corps se souvient de la sensation et pourra activer la douleur longtemps.

Comme, déjà mentionné, le fait de manger son cookie préféré pendant un accident de voiture peut par exemple transformer la perception du cookie. Vous ne pourrez plus le voir en peinture. Il y a eu un ancrage automatique d'une perception. C'est peut-être bien pour votre régime mais quel dommage !!

En changeant la perception de l'événement ou en dissociant le cookie de l'accident, comme par le passé, les traumatismes disparaissent.

On peut donc également faire ce que l'on appelle « désancrer » des empreintes dans le corps.

On peut également ancrer positivement. L'ancrage est une technique de soutien. Cela a pour but d'ancrer une émotion positive, une sensation agréable que l'on peut activer en cas de besoin. S'il vous manque de la joie et que c'est ce dont vous avez le plus besoin, souvenez-vous d'une situation où vous avez éprouvé une joie tranquille, porteuse.

Remémorez-vous la situation au plus précis, comme si c'était le présent. Quel était le type de lumière ? Quelle météo ? Aviez-vous chaud ou froid ?

Si nous pratiquions cet exercice en direct, nous échangerions tout le temps au présent, comme si le moment était vraiment en train de se produire. Celui qui guide l'exercice pour faire entrer la personne dans la situation du passé parle au présent et pose les questions au présent.

Tâchez de vous remémorer les détails perçus par vos sens jusqu'à vous sentir à nouveau dans la situation. Jusqu'à pouvoir ressentir à nouveau ce sentiment de calme. Tout en restant dans l'état émotionnel, choisissez un endroit sur votre corps (sur l'avant-bras par exemple) où vous allez appuyer quelques secondes tout en ressentant l'état que vous souhaitez ancrer. Cela va associer l'état à ce point de pression sur votre corps. Souvenez-vous bien le point où vous ancrez et quel type de pression vous exercez dessus. Vous pouvez ensuite relâcher le point et revenir au vrai « ici et maintenant ».

En cas de situation triste, stressante, si vous voulez ressentir cette joie tranquille, vous n'avez qu'à appuyer sur le point d'ancrage avec le même type de pression pour activer l'ancre. Vous pouvez également le faire avec le calme, la tranquillité. Si vous voulez ancrer deux sensations différentes, prenez deux situations de référence du passé différentes, et deux points d'ancre différents sur votre corps... C'est magique ? Non, c'est automatique...

Changement de cadre, cadre du « comme si »

Changer de cadre pour calmer son stress ou voir les choses sous un point de vue différent. Une situation peut paraître tranquille à une personne, et totalement effrayante à quelqu'un d'autre. C'est donc une histoire de perception. Il est possible de duper l'ego et le cerveau en changeant les modalités de quelque chose. Prenons par exemple le stress d'une personne ayant un entretien d'embauche.

On peut faire descendre le stress avec un cadre « comme si ». On ferme les yeux et on imagine la situation standard. Stress ? Pourquoi ? Qu'est ce qui est stressant ? La pression de ne pas savoir s'exprimer ? On ferme les yeux et on imagine l'entretien avec la capacité à savoir communiquer – avec la PNL par exemple haha.

Est-ce que l'émotion est plus supportable ?

C'est mieux ? Oui ? Envie de voir plus loin ? Qu'est ce qui pourrait améliorer la qualité de l'entretien. Avoir bien dormi ? Allons-y, visualisons comme si l'on avait bien dormi ! Quoi d'autre ?

Il aurait fallu faire quelques recherches sur l'entreprise pour être plus personnel et intéressé ? Et bien visualisons que cela a été fait et que les questions concernant le job et l'entreprise sont gérées avec brio. Bref, vous pouvez prendre ce que vous voulez et faire « comme s » afin de changer les modalités de la manière dont vous imaginez la situation.

Cela ne remplacera pas le fait de n'avoir pas fait quelques recherches avant l'entretien, bien que vous l'ayez visualisé, mais cela changera la manière dont vous vous présenterez à l'entretien. Cet outil marche avec tous types de situations…

En parlant de « comme si », en voici un qui ratisse plus large et plus grand, la métaphore de vie...

Métaphore de vie – écrire sa propre histoire

C'est un exercice qui est normalement plutôt long et précis dans les détails pour plus d'efficacité. Je vais en indiquer uniquement les grandes lignes. Gardez à l'esprit d'y intégrer régulièrement une connexion à la sensation agréable de votre vie réalisée, de la réalisation de votre plein potentiel.

Intégrez des ancrages si nécessaire. Trouvez vos besoins transpersonnels si vous maîtrisez, ressentez-vous appartenir à quelque chose de plus grand, de plus haut, qui nourrisse ces besoins…

Pour la marche à suivre, à vous de jouer les artistes, rêvez votre vie et osez rêver grand, tout en restant réaliste en fonction de votre environnement actuel. Si vous pouviez avoir votre vie de rêve dans cinq ans, comment serait-elle ? Visualisez et ressentez les détails. Allez dans les détails. Ajustez par rapport à votre personnalité. Vous êtes fonceur et solide ? Rêvez grand et vite ! Dans deux ans ! Sinon vous allez peut-être vous ennuyer rapidement.

Rien ne vous empêche toutefois de refaire une métaphore de vie plus tard et d'ajuster. Vous préférez la prudence et la construction lente et solide ? Laissez plus de temps pour la réalisation de ces rêves.

Vous pouvez, je vous le recommande d'ailleurs, noter ces objectifs et les dates approximatives sorties de votre métaphore.

Gardez précieusement ces papiers, ce sont vos plans de vol si je peux les nommer ainsi. Voyez ensuite ce qui se présente à vous dans votre quotidien.

Des réajustements de rêves sont peut-être nécessaires, ou bien des changements de croyances et comportements. Un outil qui permet des changements sur la durée est l'outil suivant visant à réimprimer des programmations que vous avez en vous… Voyons ceci...

Eliminer des événements récurrents négatifs

Nous savons qu'un événement arrivé aura des conséquences sur les situations à venir. Il arrive que le même genre d'événement négatif se reproduise plusieurs fois jusqu'à résolution de la perception et de la manière d'y réagir.

Si vous avez typiquement de tels moments, c'est le moment de réécrire votre histoire.

On ne peut pas changer le passé, mais on peut en changer sa perception, et ses réactions pour le présent et le futur.

La limite entre passé, présent, et futur est bien plus fine qu'on ne l'imagine en raison des empreintes laissées.

Prenons une rupture sentimentale. Si vous avez vécu une rupture lourde et difficile, il se peut que vous reproduisiez le même genre d'histoires encore et encore. Créez un espace sur le sol, représentant une ligne du temps, votre ligne de vie.

Naissance d'un côté et mort de l'autre.

Ouille, cela peut être psychologiquement compliqué mais on ne vous demande pas de visiter votre mort, du moins pas dans ce cadre. Sur cette ligne du temps, placez-vous au présent de manière instinctive. Où est le présent de votre vie sur cette ligne ?

Installez-vous dessus et restez un instant.

Repensez maintenant au dernier événement récurrent qui perturbe votre vie et allez à reculons sur la ligne du temps jusqu'à l'emplacement sur la ligne que vous estimez être correct.

Quelques centimètres n'ont pas vraiment d'importance, l'important est que vous soyez en accord avec l'emplacement sur la ligne.

Quand vous êtes positionnés sur le point du dernier événement perturbateur en date, restez quelques instants en replongeant dans l'événement. Demandez-vous ensuite où se situe l'événement d'avant... Et reculez jusqu'à celui-ci.

Connectez-vous à celui-ci quelques instants et demandez-vous s'il y a eu un autre événement de ce genre encore plus loin.

Si oui, allez-y. Sinon restez sur le dernier en date que vous avez trouvé. Bien souvent les gens ont des surprises et reculent loin en arrière. Il est préférable de trouver l'événement source, le plus loin en date pour plus d'efficacité. Le fait de faire des étapes, de faire des paliers sur les événements les plus proches, permet de trouver l'événement source qui a provoqué insécurité et problèmes et qui a engendré des comportements négatifs sur le reste de la ligne.

Une fois sur le plus lointain que vous trouverez, connectez-vous à l'événement et laissez les émotions vous envahir.

Posez-vous ensuite des questions pour retrouver la partie de vous qui a souffert, de quelles blessures et quel besoin principal a été mis en danger en vous.

Ne glissez pas dans la facilité de blâmer l'autre, cela ne changera pas la situation. Demandez-vous ce qui aurait rendu votre perception de la situation différente. Que vous manquait-il comme ressource ou comme connaissance pour gérer la situation différemment ?

Cela peut être plusieurs choses, laissez venir. Puis ancrez l'événement du passé avec ces ressources ou connaissances pour que la perception soit différente. Vous devriez sentir alors un changement de votre état émotionnel sur ce point du passé. Le passé n'a pas été changé mais votre perception l'a été.

Avec ce bagage supplémentaire rendant votre perception différente, allez maintenant en marche avant sur le point suivant le plus proche. Si vous avez bien suivi, dans l'exercice vous marchez ici vers le futur mais dans la réalité, c'est encore dans le passé.

Arrivé au point suivant et renforcé par ces ressources et connaissances supplémentaires, revivez l'événement et voyez comment la situation aurait pu être différente. Sentez comme votre perception est différente.

Recommencez avec tous les points du passé que vous avez identifiés, ainsi que sur le point du présent de votre réalité.

Restez un instant sur le point du présent, le temps d'intégrer les ressources et connaissances supplémentaires.

Une fois l'état nouveau ancré dans le présent, vous allez ensuite marcher doucement sur la ligne dans le futur pour emmener ces nouvelles ressources et connaissances avec vous. Au cas où une situation similaire se reproduirait. Vous avez réimprimé les conséquences d'un événement. Revenez ensuite en marche arrière doucement au point du présent et à « ici et maintenant » dans votre réalité… Prenez le temps de vous reconnecter à votre réalité avec ce nouvel état émotionnel dans vos bagages…

Vous pouvez aussi pratiquer cet exercice en cherchant un état émotionnel de joie, de tranquillité, de bonheur que vous avez perdu en route. Chercher un moment ayant provoqué l'état émotionnel qui vous manque, l'ancrer et l'amener avec vous jusqu'au présent et dans le futur. Idem pour retrouver une ressource, une capacité que vous avez déjà eue et perdu en route. Votre cerveau aura été illusionné, parce que ce qu'il a vu sur cette ligne sera considéré comme du vécu et il gardera cette référence pour le futur…Une ressource perdue en route pourrait être la créativité. Passons à un moyen de retrouver l'accès à votre créativité, celle que vous aviez quand vous étiez gosse. Je ne parle pas de la créativité se manifestant dans l'art, telle qu'elle est majoritairement définie de nos jours. Je parle de la créativité au sens large qui vous permettait de dessiner librement ce qui vous venait et permet aujourd'hui de créer votre vie, d'exceller dans l'art de créer votre vie… L'inspiration...

Stratégie de créativité de Walt Disney

Si vous souhaitez obtenir des réponses à une question que vous n'arrivez pas à résoudre, des options dans une situation compliquée, un cas où vous vous dites que vous aimeriez bien de l'aide et l'avis de quelqu'un, il y a un exercice simple à pratiquer. Ce quelqu'un qui vous aidera, c'est vous-même… Voyons cela.

Vous devez tout d'abord définir ce que vous voulez réaliser, l'objectif optimal que vous souhaitez atteindre. Attention, puisque c'est un objectif que vous peinez à réaliser, votre mental vous poussera peut-être à ne pas choisir celui-ci mais choisir quelque chose à « votre portée ».

Et bien surtout pas !!

Puisque le but est d'obtenir quelque chose de votre cerveau que vous n'imaginez pas. Choisissez votre objectif haut, soyez un peu idéaliste et exigeant sur ce coup-là.

Vous jouerez le rôle de 3 personnes bien distinctes : le rêveur, puis le réalisateur et puis le critique.

La PNL joue avec les espaces-temps pour brouiller le cerveau et en sortir du neuf. Vous devrez donc définir sur le sol 3 espaces distincts pour chacune des trois personnes. Et une position dite « méta » ou un endroit neutre. Un quatrième point. Les trois cercles dans lesquels vous vous positionnerez pour les personnages sont idéalement placés en triangle. Vous pouvez pratiquer l'exercice en mettant trois feuilles de papier par terre, les trois espaces, nommés chacun 1 : le rêveur, 2 : le réalisateur et 3 : le critique.

Il faudra ensuite ancrer la bonne vibration sur chaque espace. Je m'explique. Sur chaque espace, vous jouerez le rôle d'une partie de vous. Le rêveur est une partie de vous, elle existe. Elle a existé un jour et vous lui ferez refaire surface. Tout comme le réalisateur et le critique.

A ce moment-là votre mental peut vous crier « mais je n'ai pas de créativité ! ». Et bien faites-le taire un instant s'il vous plaît, et essayez.

Place- vous dans l'espace rêveur et plongez dans vos souvenirs pour retrouver un moment où vous avez été particulièrement créatif.

Vous pourrez caler un peu mais la créativité peut aller de composer un morceau de musique à simplement avoir préparé un très bon repas en ne suivant aucune recette.

Pour les plus droits d'entre vous qui suivent toujours les recettes et règles, peut-être pouvez-vous choisir un moment où vous avez su quoi offrir comme cadeau à une personne chère. Ou encore remontez loin dans vos souvenirs : quand vous étiez gosse et que vous avez fait un joli dessin.

Même basique, mais une création, à votre échelle... Beaucoup de gens pensent ne pas avoir de créativité mais elle a pour la plupart été étouffée... Vous êtes donc dans l'espace rêveur et vous vous souvenez de ce moment…

Fermez les yeux, replongez dans le souvenir, souvenez-vous du cadre, de la lumière autour, des bruits, odeurs etc. (les repères du VAKOG) et ressentez l'émotion de ce moment de créativité… Savourez cette émotion quelques instants. Et retournez sur l'espace méta, l'espace neutre. Vous venez d'ancrer la créativité d'un moment de votre passé dans l'espace physique du moment présent…

Répétez l'opération avec le réalisateur : retrouvez dans votre mémoire un moment où vous avez réalisé quelque chose qui vous a procuré une bonne sensation : plaisir, joie, fierté, etc. Plongez-y les yeux fermés et ressentez les émotions. Savourez quelques instants… Et retournez en position méta. Vous venez d'ancrer l'espace réalisateur.

Renouvelez la même technique pour le critique. Alors là, par expérience des êtres humains, je peux presque mettre ma main à couper que cela sera plus facile ! Trouvez un moment où vous avez dit à quelqu'un ou bien que vous vous êtes dit à vous-même : « ça ne marchera pas ton truc ! » et vous avez énuméré les inconvénients. La critique est devenue une caractéristique de l'Homme moderne ! Trouvez le critique en vous, cela devrait être facile. Oups, veuillez pardonner mon ton ironique… Savourez le critique, sentez les émotions quelques instants. Et retournez en position méta.

Une fois les espaces ancrés de la bonne vibration, depuis la position méta, revenez à l'objectif que vous voulez réaliser. Entrez ensuite sur l'espace du rêveur. Redevenez le rêveur que vous avez ancré dans cet espace. Que le rêveur en vous, ferait-il ? Sans barrières, sans veto de votre mental, sans objections, sans jugement, en toute liberté. Que ferait-il, que feriez-vous ? Laissez le rêveur rêver à un monde parfait. Observez-vous réaliser votre objectif, une étape après l'autre.

Puis passez au réalisateur, imprégné de la vibration que vous avez ancrée, pragmatique, organisant les étapes, préparant tout ce qu'il faut et regardez-vous réaliser le plan.

Puis passez au critique et faites un bilan. Ce qui est ok, ce qui ne l'est pas, ce qui n'est pas réalisable, pas réaliste.... Revenez dans l'espace rêveur avec les expériences du réalisateur et du critique et regardez-vous à nouveau réaliser votre objectif. Si vous intégrez correctement, vous ne vous verrez plus réaliser votre objectif de la même manière.

Faites ces voyages entre les trois espaces jusqu'à ce que vous soyez satisfait du résultat. Vous aurez trouvé la réponse à la réalisation de votre objectif en utilisant trois parts de vous qui ont fait un travail d'équipe, au lieu de bloquer sur les réponses parce que ces parts de vous entraient en conflit de manière inconsciente.

Quand vous aurez pratiqué cet exercice avec un résultat positif, vous toucherez du doigt la compréhension intuitive de la magie des outils de PNL…

Association des différentes personae

Nous avons tous en nous différents aspects de notre personnalité. Nous pouvons être parent, époux, épouse, ami(e), sportif(ive), artiste, professionnel, déconneur, comédien, avoir de l'humour, etc.

Ces différentes parties peuvent avoir des critères de références qui ne sont pas toujours compatibles avec les autres.

Par exemple quand on est parent de jeunes enfants, on ne s'accorde pas de relâcher l'attention. Alors que si nous pratiquons une activité artistique, nous relâchons le contrôle et l'attention à l'environnement.

Vous pouvez très bien pratiquer parfaitement les deux domaines séparément mais vous pouvez avoir des difficultés à pratiquer l'art quand vos enfants sont présents par exemple.

Ou bien ne pas savoir comment vous comporter pendant une réunion sérieuse où quelque chose que vous trouvez drôle a été dit.

Du moins vous trouvez ça drôle parce que vous aimez rigoler et faire des blagues. Ce sont des aspects qui peuvent entrer en conflit, et provoquer finalement à terme une personnalité dite instable. En gros, vous pouvez ne pas vous reconnaître dans certaines situations. Il existe un exercice très intéressant qui permet de faire cohabiter toutes les facettes de votre personne, c'est à dire avoir une personnalité égale et des comportements cohérents dans tous les cas de figure. C'est la réunification des personae en étoile. Cet exercice demande de créer des espaces pour sa réalisation.

Vous pouvez placer une feuille de papier pour les espaces. Le nombre de feuilles dépend du nombre de facettes différentes que vous identifiez en vous. Si vous voulez associer 5 parts de votre personnalité, prenez 5 feuilles plus 1 pour l'espace central de l'étoile.

Placez-les sur le sol en étoile : un espace central et les pointes de l'étoile sont les différentes facettes de vous. Commencez dans l'espace central et décidez quelle facette vous allez visiter en premier. Marchez jusqu'à la pointe de l'étoile qui y correspond et en restant sur cet espace, connectez cette partie de vous. Voyez, ressentez une situation où cette facette se manifeste.

Ressentez-en les bienfaits et en emmenant la sensation, retournez-vous et retournez sur l'espace central où vous allez poser cette facette de vous, l'ancrer au centre.

Puis partez vers une autre branche de l'étoile et refaites la même chose tout en veillant à intégrer chaque partie correctement au centre.

Quand vous êtes au centre, après chaque intégration, vous arrivez à vous connecter à chaque partie déjà intégrée.

Si vous éprouvez des difficultés, c'est que les critères et croyance des facettes ne sont pas compatibles, créant une sorte de conflit de comportement.

Si vous vous sentez en malaise, restez au centre et posez-vous la question de savoir ce qui ne passe pas.

Vous pouvez remercier la facette concernée pour ces avertissements, demander la cohabitation des deux facettes pas tout à fait compatibles, dans les faits. Le but est d'arriver à un résultat écologique pour vous en interne, même si cela n'est pas parfait.

Chaque partie intégrée est remerciée au centre. La dernière étape doit être sur l'espace central avec toutes les parties intégrées et avec prise en compte de légers conflits éventuels entre facettes. Ces légers désaccords doivent être acceptés, et vous devez avoir une sensation de satisfaction.

Quand vous ressentez cet état de satisfaction pour l'intégration de toutes vos facettes et pour leur coexistence, laissez l'état s'intégrer le temps qui vous est nécessaire et ancrez-le avant de sortir de l'espace central.

Généralement cela se fait très bien, et les résultats viendront automatiquement avec des comportements plus stables et égaux. Cela peut éviter des pétages de boulons intempestifs et soudains, quand on se fait sortir d'une facette par une autre qui est aux antipodes. Comme la facette pratiquant la méditation se faisant sortir de sa méditation par son téléphone professionnel ou encore par les enfants arrivant en criant et en claquant la porte.

J'ai déjà vu des gens méditer et littéralement sortir de leurs gonds dans des cas pareils. Le fait d'avoir relié ces facettes et de les faire cohabiter permet une gestion plus douce des situations et des transitions…

Ce dernier exercice est à mon sens amusant et très complet pour bien finir en beauté avec ce livre de découverte de la PNL…

Place à un petit lexique de rappel de quelques termes avec une définition simpliste et un petit mot d'au revoir...

VII - Mini Lexique Simplifié

NB : les définitions que vous trouverez ici sont mon interprétation simplifiée et ma perception des choses, pas des définitions copiées d'un livre de formation. On est dans la PNL jusqu'au bout, ou bien on n'y est pas… ? Les perceptions sont généralement les mêmes mais les mots utilisés peuvent différer et amener des sources de discussions houleuses. Je tiens à m'excuser à l'avance si j'irrite quelqu'un !

PNL : programmation neuro linguistique.

Association (vs. dissociation) : C'est l'action de visualiser l'association de plusieurs facettes de la personnalité.

Boussole du langage : champ lexical d'une personne que l'on peut analyser pour établir le contact

Carte du monde : vision du monde personnelle qu'a une personne.

Dissociation : C'est l'action de visualiser la dissociation de facettes de nous-mêmes. Utilisé en cas de traumatisme émotionnel fort et difficile à gérer.

Écologie interne : décrit l'accord interne de la personne entrant dans le cadre de la prise de décision. L'écologie de la personne doit être respectée pour qu'elle puisse prendre une décision et agir en conséquence.

Méta-modèle : modélisation personnelle du langage (ou langue que nous parlons), on utilise l'art de poser les bonnes questions pour accéder à la structure de modélisation du langage d'une personne.

Niveaux logiques : terme décrivant les différents niveaux d'influence sur une personne, depuis l'environnement jusqu'au transpersonnel ou transcendental.

Présupposés : faits remarqués sur toutes les personnes observées, base qui n'est pas remise en question pour la pratique de la PNL Se présentent au nombre de 10 ou 11.

Sous-modalités : Système du langage propre à chaque personne lui permettant de passer du sensoriel aux mots.

Synchronisation : technique d'alignement de la posture et de la gestuelle afin de faciliter l'échange.

Territoire : se dit de la « réalité » en dehors de la personne et de sa perception.

VAKOG : Les lettres VAKOG représentent nos cinq sens. **V**isuel, **A**uditif, **K**inesthésique, **O**lfactif et **G**ustatif. C'est notre système sensoriel utilisé pour entrer en contact et décrypter le codage des expériences.

Violation sémantique du métamodèle : langage manquant de précision classé en 3 grandes catégories (généralisation, omission et distorsion) pouvant être amélioré par le questionnement.

Conclusion

Avec quelques années de pratique, je peux affirmer que les bénéfices sont larges et presque impossibles à mesurer de manière chiffrée. Mais pour l'avoir expérimentée sur moi-même et sur les autres, c'est un outil fabuleux. Ce livre n'est qu'un aperçu de cette méthode. Il y aurait encore beaucoup de choses à dire.

Toutefois, le résumé de ce livre permet déjà d'en comprendre l'essence et d'en percevoir les bénéfices sans connaître toutes les finesses de la théorie. En gros, on peut déjà pédaler, même sans savoir comment le vélo est conçu. Quand nous devenons inconsciemment compétents grâce à la haute technicité de notre cerveau sans les inconvénients du petit vélo qui tourne et ressasse dans la tête, c'est tout bénef...

Alors ? Péènèlera ou péènèlera pas ? De toute manière nous y sommes tous soumis par la société alors autant....

J'aimerais finir en soulignant que la PNL est une méthode, une gamme d'outils, comme une caisse à outils mais il faut un élément indispensable pour que cette boîte à outils soit utilisée correctement et que cela fonctionne. La volonté, le choix... Que vous vouliez changer quelque chose en vous ou bien aider quelqu'un d'autre à le faire, même si cette méthode est extraordinaire, cela ne fonctionnera que si un choix inébranlable est fait.

C'est la base même de la philosophie de la PNL : donner des options, des choix. Il faut que soit fait un premier choix, celui de changer et de progresser...

Je vous invite vivement à allier cette méthode à d'autres méthodes de guérison et de développement personnel qui ont fait leurs preuves. A l'inverse de la médication moderne, il n'y aura ici aucun effet secondaire indésirable ni aucune interaction dangereuse... Et ça, c'est une très bonne nouvelle...

Soyez heureux !

Printed by Amazon Italia Logistica S.r.l.
Torrazza Piemonte (TO), Italy

14005607R00059